ARTHUR DE LA BORDERIE

LOUIS DE LA TRÉMOILLE

ET LA

GUERRE DE BRETAGNE

EN 1488

D'APRÈS DES DOCUMENTS NOUVEAUX ET INÉDITS

PARIS

LIBRAIRIE H. CHAMPION

(Spéciale pour l'*Histoire de France*)

15, QUAI MALAQUAIS, 15

M DCCC LXX VII

TIRÉ A 150 EXEMPLAIRES

Ne se vend pas.

LOUIS DE LA TRÉMOILLE

ET

LA GUERRE DE BRETAGNE

ARTHUR DE LA BORDERIE

LOUIS DE LA TRÉMOILLE

ET LA

GUERRE DE BRETAGNE

EN 1488

D'APRÈS DES DOCUMENTS NOUVEAUX ET INÉDITS

PARIS

LIBRAIRIE H. CHAMPION

(Spéciale pour l'*Histoire de France*)

15, QUAI MALAQUAIS, 15

M DCCC LXXVII

LOUIS DE LA TRÉMOILLE

ET LA GUERRE DE BRETAGNE

EN 1488[*]

I

La guerre de Bretagne sous Charles VIII est l'une des mémorables époques de l'histoire cette province : le duché breton perd là sa vieille indépendance politique et se lie définitivement à l'unité française. On connaît les résultats généraux, les faits principaux de cette guerre; mais le détail précis, le sens, l'enchaînement logique, le caractère véritable des événements, ne se trouvent dans aucune histoire. Malgré la grande et patiente érudition de nos bénédictins, la chronologie de cette guerre reste encore pleine de lacunes, la topographie d'incertitudes. L'épisode le plus célèbre, la bataille de Saint-Aubin, par exemple, on ne sait si elle s'est livrée dans le voisinage de la place dont elle porte le nom ou deux lieues et demie plus loin, à Orange près de Vieuxvy. La prise de Fougères par les Français, qui amena cette bataille de Saint-Aubin, la prise de Saint-Aubin et celle de Dol, celle d'Ancenis et celle de Brest, et bien d'autres, en vain en chercherez-vous

---

[*] D'après la CORRESPONDANCE DE CHARLES VIII ET DE SES CONSEILLERS AVEC LOUIS II DE LA TRÉMOILLE pendant la guerre de Bretagne (1488), publiée sur les originaux par LOUIS DE LA TRÉMOILLE, Paris, 1875. — Nantes, *imprimerie Vincent Forest et Emile Grimaud.* — Un vol. gr. in-8°.

les dates précises (au moins à quelques jours près) dans nos historiens. Sur l'époque de la trahison de d'Albret, qui livra Nantes aux Français — perte bien autrement grave pour les Bretons que celle de la journée de Saint-Aubin, — d'Argentré et Lobineau diffèrent d'un mois. Etc.

On ne doit pas désespérer de voir la lumière pénétrer un jour dans ces ténèbres, sinon une lumière pleine et complète, du moins un jour assez vif pour dessiner le contour exact des événements et pour en manifester la physionomie réelle.

Cet espoir serait bientôt une réalité si nous arrivions à posséder, sur chacune des cinq années de la guerre de Bretagne (1487 à 1491), une collection de documents originaux analogue à celle que vient de publier — pour l'année 1488 — M. le duc de la Trémoille, dans son beau volume intitulé : *Correspondance du roi Charles VIII et de ses conseillers avec Louis de la Trémoille pendant la guerre de Bretagne*, imprimée sur les originaux.

Plus de 200 lettres missives complétement inédites [1], dont 121 du roi Charles VIII, 21 de Mme de Beaujeu et de son mari, 49 de l'amiral de Graville, leur principal conseiller. 2 seulement (hélas !) de La Trémoille, — c'est là un trésor historique de la plus haute valeur et qu'on apprécie surtout quand on sait combien, pour établir l'histoire vraie, la lettre missive qui peint en traits familiers, naïfs, les hommes et les choses, l'emporte sur la pièce officielle, où la vérité ne se montre d'ordinaire que sous un costume de convention. Si j'ajoute que toutes ces pièces se rapportent sans exception

[1] Le recueil se compose, exactement, de 236 pièces, numérotées de 1 à 236, dont 225 lettres missives et 11 pièces diverses. Sur ce nombre, 14 pièces seulement, à notre connaissance, avaient été imprimées auparavant, savoir, les n°s 32, 122, 123, 147, 156, 164, 172, 192, 196, 199, qui sont des lettres de Charles VIII à La Trémoille, publiées par Dom Morice, *Histoire de Bretagne*, t. II, p. CCXLIX à CCLII; — le n° 218, lettre de La Trémoille aux habitants de Rennes après la bataille de Saint-Aubin, dans D. Morice, *Preuves* III, 594, et plus complétement dans d'Argentré; — le n° 201 (11 mars 1488), commission de lieutenant-général du roi à l'armée de Bretagne pour Louis de la Trémoille, dans l'*Histoire de la maison de la Trémoille*; — le n° 204 (23 avril 1488), capitulation de Châteaubriant, dans D. Morice, *Preuves* III, 586, et dans d'Argentré; — le n° 223 (14 août 1488), capitulation de Saint-Malo, dans la *Revue des provinces de l'Ouest*, 4e année (1856-57), p. 275.

à l'an 1488 et à la guerre de Bretagne, on comprendra qu'il y a là, pour la période de notre histoire que j'indiquais tout à l'heure, une nouvelle source d'informations d'une importance capitale.

M. le duc de la Trémoille, qui a le bonheur de posséder ce trésor dans ses archives de famille, — dans cet admirable chartrier de Thouars si riche en titres précieux pour l'histoire de France, surtout pour celle de Bretagne et de Poitou [1], — M. le duc de la Trémoille ne s'est pas contenté d'en jouir seul, il a très-libéralement voulu le communiquer au public lettré. Mais il a tenu à produire cette belle correspondance royale sous une forme répondant à la valeur du fond. Beau papier de Hollande, ferme et sonore, caractères elzéviriens du meilleur type et d'une netteté admirable, ample marge, format exceptionnel, fac-simile reproduisant par l'hélio-gravure les pièces principales, entre autres, une lettre autographe de Charles VIII : tout se réunit pour faire de ce volume un vrai monument typographique. Et un monument breton : car M. le duc de la Trémoille a voulu que ce volume, tout consacré à l'histoire de la Bretagne, sortît d'une presse bretonne.

Ce n'est pas que ce volume n'intéresse aussi grandement l'histoire générale de France. Charles VIII s'y montre à nous, peint par lui-même, sous des traits bien différents de ceux qu'on lui prête communément. On le représente, surtout à ce début de son règne, comme un jeune prince ignorant, sans volonté propre, absorbé et dirigé par Mme de Beaujeu. Au contraire, dans toutes ses lettres, le trait dominant est une volonté impérieuse et tenace, très-éveillée, toujours tendue vers son but. Si, avec ce caractère, il suivait la direction politique de sa sœur, c'est qu'il s'y associait librement, en toute connaissance de cause ; impossible qu'il la subît passivement. On est surpris et charmé de voir avec quelle ardeur ce roi de dix-huit ans s'applique aux affaires, entrant dans les plus menus détails, montrant une connaissance supérieure des choses de la

---

[1] On sait combien de documents précieux pour ces deux provinces notre excellent confrère et ami, M. Marchegay, a déjà tirés de ce beau chartrier, qui lui a été gracieusement ouvert par M. le duc de la Trémoille ; on sait quelle sûreté d'érudition et de critique distingue ces publications, comme toutes celles qui sont dues au savant auteur des *Archives d'Anjou*.

guerre, surtout des questions de ravitaillement, de l'art des siéges,
de l'artillerie, etc. Rien ne ressemble moins au Charles VIII qu'on
nous a peint jusqu'ici. Avec cela (comme l'a si bien remarqué
M. le duc de la Trémoille dans sa préface), à chaque instant, dans
ses lettres, des traits à la Henri IV, mélange d'esprit chevaleresque
et de sel gaulois : « Dites au Veau (écrit-il en parlant d'un de ses
» écuyers appelé Le Veau), dites au Veau que je le tiens aussi
» hardi en chemise comme s'il avoit sa cuirasse au dos. » (N° 14).
Et ailleurs, à propos d'un vieux pilier de la justice seigneuriale de
M. de la Trémoille qui venait de s'écrouler : « Mon cousin, dit-il,
» je vous eusse mandé la chûte de votre pilier, si je n'eusse craint
» que le deuil qu'en auriez eu empêchât mon service ; mais, mon
» cousin, de peur que vous n'en maigrissiez et pour vous réjouir,
» je vous mande qu'aurez les vingt hommes d'armes de crue que
» vous m'avez demandés ; et je vous envoye de mes gens d'armes
» qui ne servent de rien icy, et je vous prie que me les faites bien
» vaillans. » (N° 45). Etc.

Avec ce roi de dix-huit ans, le personnage qui, bien qu'absent
(absence qu'on ne saurait trop déplorer), remplit cette correspondance, c'est un général de vingt-sept ans, c'est Louis de la Trémoille. Et comment ne pas déplorer son absence, c'est-à-dire la
disparition presque totale de ses lettres ? En ce qui touche les renseignements sur la guerre de Bretagne, si précieuses que soient
les lettres du roi, celles du général devaient être encore bien plus
instructives ; il était sur les lieux, voyant tout de ses yeux, agissant
et informant directement le roi, dont les réponses ne sont qu'un
écho des renseignements fournis par le général.

Malgré la perte de ses lettres, il n'en est pas moins certain pour
nous que l'éclatant succès des armes françaises dans la campagne
de 1488 fut dû, presque tout entier, à l'habileté militaire de La Trémoille, et je vais essayer de le démontrer avec la *Correspondance
de Charles VIII*. Mais il faut d'abord rappeler l'état des choses au
moment où La Trémoille prit le commandement, c'est-à-dire aux
premiers jours de mars 1488.

II

Entre la Bretagne et la France la guerre durait déjà depuis un an. Elle avait eu pour cause la retraite et l'appui donnés par le duc de Bretagne François II aux mécontents de France, au duc d'Orléans et aux seigneurs qui voulaient substituer, dans le gouvernement, l'influence de ce prince à celle de Mme de Beaujeu. L'appui prêté aux mécontents de France avait fait en Bretagne des mécontents : le maréchal de Rieux, le vicomte de Rohan, le baron de Châteaubriant et celui du Pont, le sire d'Avaugour, fils naturel du duc, en un mot, la haute noblesse tout entière et beaucoup de la petite ; on appelait cela le parti des barons. Il réclamait l'expulsion hors de Bretagne des mécontents français, à cause du péril où leur présence jetait le duché en l'exposant à un choc redoutable avec la France. C'était là le motif ostensible, malheureusement trop fondé ; il y en avait un autre, plus puissant peut-être : le dépit de voir ces hors-venus accaparer à la cour de Bretagne l'influence et les faveurs, au détriment des seigneurs bretons.

Le parti des barons, trop faible pour imposer au duc l'expulsion des étrangers, s'allia contre eux et contre lui au roi de France, précipitant ainsi la Bretagne dans le péril d'une invasion française, qu'il avait la prétention de conjurer. Les barons crurent avoir pris contre ce péril des précautions suffisantes en stipulant que le roi ne pourrait faire entrer en Bretagne plus de 4,000 hommes de pied et 400 lances, qu'il n'attaquerait point les places où le duc se trouverait et ne ferait aucun siège sans le consentement du maréchal de Rieux ; enfin qu'il retirerait son armée de Bretagne dès que les mécontents de France en sortiraient.

La guerre entre le duc et ses barons, soutenus de quelques troupes françaises, commença dès le mois de mars 1487 ; l'armée du roi n'entra en Bretagne qu'en mai. Les coalisés franco-bretons occupèrent sans coup férir un grand nombre de places fortes que les barons possédaient à titre féodal, entre autres Clisson, Ancenis, Châteaubriant, La Guerche, Vitré, Quintin, Josselin, Rohan, la Chèze, etc.; Redon fut livré aux barons par son gouverneur; Lannion et Tréguier, sur les suggestions du vicomte de Rohan, entrèrent dans leur parti; Moncontour fut pris par le sire de Quintin, frère du vicomte de Rohan. Les troupes du roi, combinées avec celles des barons, s'emparèrent de Ploërmel, de Vannes et d'Auray. L'armée du roi, seule, assiégea Nantes sept semaines sans résultat, et prit ensuite deux petites places, Saint-Aubin et Dol.

Quand cette armée rentra en France pour prendre ses quartiers d'hiver, au commencement de novembre 1487, elle laissa des garnisons exclusivement françaises dans ces deux dernières places, et aussi dans Vitré, La Guerche, Clisson et Vannes. Les autres furent gardées par les barons seuls ou par quelques troupes françaises mêlées aux leurs [1].

D'après les indications — forcément incomplètes — que l'on vient de lire, la coalition franco-bretonne dominait à ce moment dans une très-grande partie de la Bretagne, et le résultat de cette première campagne devait être tenu, à la cour de France, pour très-satisfaisant. Il l'était seulement en apparence. Le roi n'avait respecté aucune des conditions stipulées par les barons : il avait envoyé en Bretagne trois fois plus de troupes qu'il ne devait; il avait assiégé le duc dans Nantes et continué le siége malgré les protestations du maréchal de Rieux, et quand celui-ci s'était plaint de ces infractions au traité conclu avec les barons, Mme de Beaujeu avait répondu fièrement : « Le roi n'a point de compagnon; puisqu'on s'est mis si avant, il faut continuer. » Continuer, c'était chasser le duc et mettre toute la Bretagne dans la main du roi. Les barons, voyant alors l'étendue de leur faute, s'efforcèrent de la réparer en rejetant l'alliance française et en se serrant autour du duc pour défendre la cause bretonne. Rieux donna l'exemple (décembre 1487); sauf Rohan, tous le suivirent. Toutes les places qu'ils occupaient rentrèrent sous l'obéissance du duc; il ne resta aux Français que celles du vicomte de Rohan (Josselin, Rohan, la

[1] Rohan avait [illegible] Clisson [illegible] repris [illegible] le duc [illegible] juillet 1487, et Moncontour avant le 6 septembre.

Chèze), et les six où ils avaient mis garnison : Saint-Aubin, Dol, Vitré, La Guerche, Clisson et Vannes.

Le duc, profitant de ce retour de fortune, mit sur pied son « ost », malgré l'hiver, vers la fin du mois de janvier 1488, et l'ayant approvisionné de son mieux, l'envoya sous la conduite du duc d'Orléans assiéger Vannes, occupée par une forte garnison française aux ordres de Gilbert de Grassay, sr de Champerroux, lieutenant-général du roi et l'un de ses meilleurs capitaines. Le siége fut posé le 25 février, la place capitula le 3 mars. Champerroux et dix-neuf des principaux chefs français demeurèrent prisonniers, le reste eut la vie sauve et put se retirer en France sans bagages [1]. Cet événement ruina en Bretagne le parti français. Le vicomte de Rohan se vit aussitôt assiégé dans ses trois places et bloqué par les communes, c'est-à-dire par les paysans levés en masse et furieux de sa trahison. Française aux deux tiers, en apparence, en novembre 1487, la Bretagne, au commencement de mars 1488, était perdue pour la France, à cinq places près — Vitré, La Guerche, Clisson, Saint-Aubin et Dol, — dont la première avait seule une valeur sérieuse.

C'est à ce moment que Charles VIII ordonna de réunir sur la frontière de Bretagne une armée, dont il donna le commandement à Louis de La Trémoille par lettres patentes du 11 mars 1488. Les troupes devant se rassembler autour de Pouancé, La Trémoille fut s'installer dans cette place, où il était rendu le 18 mars [2]. La première lettre missive que lui écrit le roi est datée du 13 de ce mois ; Charles VIII s'y montre fort inquiet des entreprises de l'armée bretonne ; il croit qu'elle va aller mettre le siége devant Dol, et comme cette place n'est guère forte, il est prêt à donner l'ordre de l'évacuer : « Vous savez la compaignie qui est dans Dol (dit-il à La Trémoille), » et nous serions bien desplaisans, si la place n'est tenable, pour le

[1] V. Alain Bouchart et Jaligni.

[2] Graville lui écrit le 19 du Plessis-du-Parc ou Plessis-lès-Tours : « J'ay ce matin receu les lettres que vous m'avez escriptes de Pouancé, par lesquelles vous mectez que vous estes arrivé par delà et avez trouvé Mr de Charluz et tous les autres cappitaines, ausquelz vous avez dit ce que le roy vous avoit ordonné. » (Corresp. de Charles VIII, n° 6). Son arrivée devait dater du 18, puisque Graville en recevait la nouvelle, près Tours, le 19 au matin.

» bon vouloir de ceux qui sont dedans, de mettre leur fait en dan-
» gier. » (N° 1, p. 1). Il craint surtout de voir un désastre analogue
à celui de la prise de Vannes fondre sur Mr de Rohan, sur ses
places et sur les troupes françaises qu'on lui a laissées pour les
garder. Du 13 au 31 mars, c'est là la grande préoccupation du roi
et de son entourage, et sur cette question il s'établit, entre la cour
de France et La Trémoille, une sorte de conflit fort curieux à étudier.

III

Rohan étant le seul des barons de Bretagne resté Français, le
roi et ses conseillers veulent absolument que La Trémoille aille en
poste à son secours. C'est Graville qui ouvre le feu le 13 mars :
« M. de Rohan (dit-il) est dans Josselin délibéré de tenir, et Chan-
» chou de Navarre (lieutenant de Rohan) et Archambault sont dans
» la Chairre (la Chèze), pareillement délibérez de tenir : pour con-
» clusion, il est besoin de regarder par quel moyen on leur pourra
» (aux Bretons) faire lâcher prinse. » (N° 2, p. 2.)

Le lendemain, Mme de Beaujeu reprend : « M. de Rohan est bien
» délibéré de tenir la place : par quoy est besoin *de faire la plus*
» *grant diligence* et faire quelque exploit pour les contraindre de
» lâcher leur prinse. » (N° 3, p. 3). Et le même jour, M. de Beaujeu,
époux docile, répète la même note (n° 4). — Le 15 mars, le roi
parle à son tour : « Il y a largement de communes devant noz gens
» qui sont à la Chaize... Regardez, si nostre cousin de Rohan est
» assiégé, ce qui se pourra faire. Nous faisons haster nos gens-
» darmes à toute diligence » (n° 5, p. 5).

La Trémoille fait la sourde oreille et ne bouge. Huit jours après
(le 23 mars), il reçoit du roi cette verte semonce : « Par vostre
» lectre vous ne parlez point de ce que vous avez espérance de faire
» pour monstrer à noz gens de Basse Bretaigne que nous les vou-
» lons secourir ; car, aux nouvelles qui nous surviennent de toutes
» parts, nous ne faisons nulle doubte que bientost noz gens qui
» sont à la Cheize ou à Josselin n'ayent beaucoup à faire. Et les

» premières nouvelles que vous estes bien taillez d'en avoir, ce
» sera qu'il leur en sera prins comme à ceulx de Vannes : car *la*
» *longueur de leur monstrer signe que l'on les veult secourir* sera
» cause de perdre noz gens et de faire prendre appoinctement à
» nostre cousin de Rohan », — c'est-à-dire de le contraindre à
quitter le parti français en s'arrangeant avec le duc de Bretagne; et
le roi, dans ce cas, le trouverait excusable, car, dit-il, « n'y a
» homme au monde, de si grant cueur soit-il, qui, *à lui monstrer*
» *si maigrement que lui vueillons donner secours*, n'eust bonne
» raison d'essayer, par toutes façons qu'il pourroit, à sauver son
» corps et ses biens. — Pour conclusion, ajoute Charles VIII, nous
» ne vous escripvons plus de ceste matière ; faictes en ainsi que
» vous adviserez ; *mais nous doublons* [1] *encore une foiz d'en rece-*
» *voir une très grant honte dont vous aurez vostre part*, et le
» dommaige ne nous sera pas petit. » (N° 13, p. 12.)

Graville écrit le même jour à La Trémoille : « Si vous ne faictes
» quelque chose entre cy et troys jours, je ne faiz nulle doubte que
» M. de Rohan ne soit perdu pour le roy, et le surplus de ses
» gens de par delà en grant dangier. » Et pour le piquer d'honneur,
il dit encore : « Il est besoin que vous en faciez diligence, car s'il
» mésavient des gens qui sont en Basse Bretaigne, je vous assure que
» beaucoup de gens en parleront merveilleusement : car tous ceulx
» qui viennent de Vannes tiennent le secours le plus aisé à faire
» du monde et sans danger. » (N° 15, p. 15.) — Plaisante autorité
en telle matière que cette garnison de Vannes, laissée en Basse
Bretagne par le roi pour y servir de rempart au parti français, qui
n'avait pas tenu huit jours contre les Bretons, et qui taxait de
lâcheté La Trémoille, parce qu'il ne voulait pas, avec un lambeau
d'armée en formation et mal approvisionné, s'enfoncer dans les
forêts du Porhoët pour réparer le mal causé par la prise de Vannes !
La Trémoille pouvait bien aisément dédaigner les propos de ces
bravaches ; mais résister à la volonté du roi si formellement, on
peut dire, si violemment notifiée à son général, il fallait pour cela

---

[1] *Nous craignons.*

un vrai courage : il l'eut. Nous n'avons pas — et c'est grand dommage — sa réponse à Charles VIII : d'après les lettres de celui-ci, La Trémoille allégua, entre autres choses, qu'on ne savait pas au juste ce qui se passait à Josselin ; que Rohan, selon le bruit public, avait déjà fait sa paix avec le duc de Bretagne ; qu'on ne pouvait trouver de gué pour passer la Vilaine : tous prétextes assez légers, que le roi réfute d'une haute sorte : — « Au regard de ce que vous » dites qu'il n'y a nulz gués sur la rivière de Villayne, tous ceulx » qui sont venuz de par deçà des gens de nostre cousin de Rohan, » dont il est venu trois ou quatre depuis huit ou dix jours, disent » touz qu'ilz ont passé au Pont Réant [1] et à un pont qui est auprès » de Rennes..... Mais sur toutes riens [2] nous nous donnons mer- » veilles que vous ne pouez savoir nouvelles de ce qu'il se fait à » Josselin, car nous croyons que le bruit qu'ilz font courir que nostre » cousin de Rohan a faict son appoinctement, c'est affin que l'on » ne face point d'effort de l'aller secourir. » (Nos 21 et 22, p. 21 et 24 ; 25 mars 1488.)

Ainsi mis au pied du mur, La Trémoille se décide, le 26 mars, à annoncer qu'il partira le lendemain « pour aller à Messac essaier à » passer la rivière et aller secourir M. de Rohan » ; mais en même temps, paraît-il, il prit soin de rejeter d'avance la responsabilité de cette marche sur ceux qui l'y avaient poussé, y compris le roi : et alors, ce qui est bien curieux, celui-ci, voyant commencer une opération qu'il avait si vivement réclamée, mais dont on ne pouvait mesurer les suites, essaie de se soustraire à la responsabilité que son général lui renvoie : « Il est bien vray (écrit Charles VIII) » que nous vous avons tousjours escript que au moins ne pouvvez » vous faire que d'aller jusques sur le passaige (de la Vilaine)... » Toutesfoiz, si avez bien regardé noz lectres, nous avons tousjours » remis et remectons cette affaire sur vous, car vous estes beau- » coup de gens de bien ensemble et qui congnoissez le faict de la

---

[1] La correspondance de Charles VIII a imprimé *Pont Réaut* et la table générale *le Poutrais*, près la cher. Ille-et-Vilaine. — Ce lieu est bien en la commune de Laichan... mais l'orthographe véritable est *Pont-Réant*.

[2] Sur toutes choses.

» guerre : parquoy vous pouez mieux veoir les choses faisables que
» ne vous les saurions deviser de si loing. » (N° 24, p. 26.) Pourtant
le roi lui avait dit : Si vous n'allez au secours de M. de Rohan, il
nous en viendra *une très-grande honte dont vous aurez votre part.*
— C'est bien l'ordre le plus pressant qu'un sujet puisse recevoir.
Nous prenons donc ici sur le fait une pratique souvent renouvelée
depuis lors dans les rapports du pouvoir politique avec le commandement militaire, le premier donnant au second des conseils qui
valent des ordres, puis, si l'opération tourne mal, disant au général :
C'est votre faute, votre métier était de savoir que mes conseils ne
valaient rien et de ne pas les suivre.

La prudence de La Trémoille sauva tout. Il ne se mit en marche
que le 28 mars ; ce jour-là, de Saint-Aubin de Pouancé, qui touche
Pouancé, il écrivit au roi qu'il avait « mis son armée aux champs »
et comptait aller coucher à Martigné-Ferchaud. Le lendemain il se
rendit à Marcillé-Robert, et s'amusa, le 30, à prendre le château
de Marcillé, petite place sans importance, où les Bretons entrete-
naient une garnison (5 ou 6 gentilshommes et 160 francs-archers)
pour surveiller la ville de la Guerche, occupée par les Français.
(N° 28, p. 30.) Cette prise ne lui coûta guère, mais l'obligea de
s'arrêter un peu. Elle était sans utilité pour le sauvetage de
M. de Rohan. Enfin, il faut bien remarquer que, pour gagner
Messac, où il voulait passer la Vilaine, La Trémoille prenait le
chemin des écoliers : de Martigné, sa route directe était d'aller
droit devant lui vers l'Ouest, par Bain, jusqu'à Messac ; en remon-
tant au Nord par Marcillé, il s'en éloignait beaucoup. Aussi
est-il permis de croire que le général allongeait ainsi sa marche,
pour laisser aux affaires de M. de Rohan le temps d'aboutir à une
solution quelconque, qui le dispenserait de se rendre à Josselin et
même sur la Vilaine. Ce calcul ne fut point trompé, le roi lui écrivit le 31 mars :

« Tout à ceste heure nous sont venues lectres du s^r de la Chas-
» teigneraye, qui est à Clisson pour nous, par lesquelles il nous fait
» savoir que, samedi au soir (29 mars), y arriva nostre cousin de

» Rohan et deux de ses frères, le roy d'Ivetot, René Parent, Chan-
» chou Navarre ¹, avecques tout leur train et leurs chevaulx et
» barnoys, qui sont en nombre 700 chevaulx, et tous les gens
» de pié qui estoient dedans les places de par delà ; et n'ont pas
» perdu ung homme. Et sera la personne de nostredit cousin,
» avecques les dessus nommez, demain au soir icy devers nous.
» Nous vous voulons bien advertir de sa venue, affin que, soubz
» esperance de luy cuider donner encores quelques secours, vous
» ne tiriez point plus avant que vous n'ayez noz Souysses et noz
» autres gens qui se vont joindre à vous. » (N° 27, p. 29.)

La Trémoille ne se le fit pas répéter ; non-seulement il s'arrêta
à Marcillé, mais il regagna de suite ses cantonnements de Pouancé,
où il était rentré le 4 avril, comme le prouve une lettre du roi en
date du 5, qui porte :

« Avons receu vos lettres escrites à Pouencé le 4ᵉ jour de ce
» mois à une heure du matin, par lesquelles nous escripvez que
» estes retourné à Pouencé, affin d'avoir vivres plus à votre aise,
» et pour recevoir les Soysses et autres nos gens qui vous vont,
» et avec ce pour faire les préparatifs de vostre affaire : qui nous
» semble très bien fait : et incontinent le capitaine du charroy de
» nostre artillerie venu, nous pourvoyerons au fait dudit charroy,
» tant des vivres que de l'artillerie. » (N° 32, p. 35, et D. Morice,
Hist. de Bret., II, p. CCXLIX.)

Ainsi Charles VIII — de son propre aveu — avait prétendu lan-
cer son général au secours de Rohan jusqu'à Josselin, à trente lieues
de la frontière, quand il n'avait encore avec lui qu'une faible partie
de ses troupes, mal formées, mal préparées, sans vivres, sans artillerie, sans charroi pour établir ses communications : toutes conditions parfaitement propres à amener un échec et à le rendre irréparable. La Trémoille avait donc bien eu raison de résister.

¹ Les deux frères du vicomte de Rohan s'appelaient Pierre et François ; Pierre
était baron de Pontchâteau et (par sa femme) sire de Quintin. René Parent et Jean
Gautier, roi d'Yvetot, étaient deux capitaines français. Chanchou et Sancho Navarre
[illegible] indique que l'auteur [illegible] était à la tête d'[illegible] compagnie d'ordonnance
[illegible] qui avait pour capitaine le vicomte de Rohan.

J'ai insisté sur cet épisode (complétement inconnu jusqu'ici), parce qu'il manifeste dès l'origine la sûreté du coup d'œil militaire de La Trémoille; et surtout parce que, à mon sens, cette courageuse résistance du général fut la première cause du grand succès des armes françaises dans la campagne de 1488.

Si La Trémoille eût cédé aux volontés de la cour et entrepris en de telles conditions cette téméraire chevauchée dans le pays de Vannes, il aurait peut-être dégagé Rohan et battu les Bretons; mais une fois l'opération entamée, il eût été forcé de la poursuivre et de faire dans le centre de la Bretagne une campagne, dont le plus beau résultat ne pouvait être que la reprise de Vannes et de quelques places aux environs. L'hiver venant, quand l'armée française serait retournée prendre ses quartiers de l'autre côté de la frontière, on eût laissé dans ces places des corps de troupes qui, sans communication avec la France et cernés de toutes parts par l'ennemi, se seraient vus, aux premiers mois de 1489, en même danger que la garnison de Vannes et celle des places de M. de Rohan au printemps de 1488. En un mot, La Trémoille eût renouvelé tout simplement la campagne de 1487, avec tout son décousu, ses fautes, sa stérilité finale.

Il avait un plan tout autre, et autrement militaire, fondé sur ce principe stratégique, qu'à la guerre aucun succès n'est sérieux, aucun avantage solide, si l'on ne reste en communication sûre avec sa base d'opération. Il voulait, en conséquence, conquérir la Bretagne pied à pied, de proche en proche, en commençant par la zone qui touche la frontière bretonne, et la conquête de cette zone était la tâche assignée par lui à la campagne de 1488.

Avant de dire comment il remplit cette tâche, il convient de satisfaire le lecteur, qui se demande sans doute de quelle façon M. de Rohan et ses troupes, cernés par l'armée et par les communes bretonnes, avaient su se tirer de là sans perdre un seul homme, — comme le constate avec tant de satisfaction le roi Charles VIII dans la lettre du 31 mars que je viens de citer.

Ils s'en étaient tirés d'une façon bien simple. Le vicomte de Rohan se voyant assiégé, bloqué dans toutes ses places sans espoir de se-

cours, et souffrant déjà du siége [1], avait fait demander au duc
François II de rentrer en grâce près de lui, comme les autres barons,
« offrant (dit le duc) nous servir vers tous et contre tous qui peuvent
» vivre et mourir, et de ce nous faire foi et serment. » Il avait fait ce
serment aux mains du duc, qui lui avait accordé sa grâce et octroyé,
en sa considération, aux troupes françaises trouvées dans ses places, la
permission de retourner en France vie et bagues sauves, en relâ-
chant toutefois sans rançon tous leurs prisonniers bretons. Rohan
ayant prétendu être obligé de se rendre près du roi pour dégager
une parole donnée à ce prince, François II lui avait permis de rési-
der deux mois encore à la cour de France, à la condition qu'il re-
viendrait au bout de ces deux mois faire service au duc; il s'y
était engagé par serment; pour sûreté de ce serment, il avait donné
son second fils en otage « pour en faire à nostre volonté (dit le duc)
» si nostre cousin ne retourne dans le dit terme », et il avait été convenu que, dans ce cas, la vicomtesse de Rohan, qui restait en Bretagne, livrerait à François II toutes les places du vicomte pour y
mettre garnison. Ce traité, fruit d'une négociation assez longue,
avait été conclu le 26 mars [2].

Ce n'est autre chose — on le voit — qu'une véritable capitulation,
assez avantageuse pour les troupes françaises dans le danger où elles
s'étaient mises, mais au fond assez peu honorable, surtout pour
Rohan, qu'elle obligeait à changer de drapeau et à jouer pendant
deux mois un rôle équivoque, suspect aux deux partis [3]. Si Charles VIII
l'eût connue le 31 mars, il se serait montré moins satisfait.

[1] Il était même abandonné l'une partie de ses gens, comme le prouve l'extrait
suivant du *Reg. de la Chancellerie de Bret.* de 1487-1488, f. 121 R°: — « Congié et
saufconduit à François de la Touche, serviteur du sire de Rohan, et à ceux de sa
compaignie jusques au nombre de 12 personnes, et autant de chevaulx et autres
montures, de venir devers le duc le servir en armes contre les François, delais
dize jour durans, daté le XIII° jour de Mars. »

[2] Voir le texte de ce traité dans D. Morice, *Preuves*, III, 571 à 573.

[3] Il est certain que Rohan, même après être sorti de Bretagne, continua à leurrer
de fausses assurances le duc François II, pris le 8 avril 1488, lui fit don de 12 prisonniers à ... de ce coup ... du capitaine R ... Parent. D. Morice, *Preuves* III,
578 ... qu'il a certainement ... il eût douté de la sincérité du retour de
Rohan à ... breton. En même temps, ce dernier donnait au roi des preuves bien
plus décisives de son ... persistant à la cause française, car Charles VIII écrivait ... à La Trémoille : — « En tant que touche les gens de noz cousins de

Les historiens bretons, de leur côté, ayant jusqu'à présent ignoré la situation critique du vicomte de Rohan après la prise de Vannes, ont méconnu le caractère de ce traité, où ils ont cru voir un retour, purement volontaire et désintéressé, au parti breton.

IV

Revenons à La Trémoille.

La première opération projetée par lui était le siége de Château-briant, qu'il pouvait de Pouancé préparer, presque faire sans déplacement, puisqu'il n'y a que 45 kilomètres entre ces deux villes. C'est en vue de cette opération que, sous prétexte de secourir M. de Rohan, il était allé, le 30 mars, prendre et démolir la petite place de Marcillé, qu'il ne voulait pas avoir à dos pendant le siége pour gêner ses fourrageurs, ses convois de vivres, ou les secours qu'il aurait à demander aux garnisons de la Guerche et de Vitré [1].

Revenu le 4 avril à Pouancé, La Trémoille y resta encore une dizaine de jours pour achever sa préparation et recevoir les nom-breuses bandes de gendarmes que le roi lui envoyait, entre autres plus de 5,000 Suisses, c'est-à-dire près de la moitié de son armée, dont ils faisaient certainement la partie la plus solide, car c'était, dit Charles VIII, « les plus beaux hommes qu'il est possible de voir » [2].

Le siége fut mis devant Châteaubriant le mardi 15 avril, « environ midi » [3]. La garnison se défendit bien, repoussa quatre ou cinq

Rohan et de Quintin, les auenes se sont venuz armer en ceste ville (à Tours); mais depuis deux ou trays jours, Chanche de Navarre, que nostre cousin de Rohan a commis son lieutenant, est parti d'icy pour les vous mener; et aujourd'huy en parle-rons à noz cousins de Rohan et de Quintin, et ne faisons point de doubte qu'ilz ne leur facent faire toute diligence. » (N° 48. p. 52). Mais ce n'est pas le lieu d'étudier le caractère de ce Rohan, « une rare figure de traître. » L'honneur de cette vieille race fut soutenu par son fils aîné, François de Rohan, qui resta toujours fidèle à la Bre-tagne et se fit tuer pour elle à Saint-Aubin du Cormier.

[1] V. Corresp. de Charles VIII, n° 28. p. 31.

[2] Corresp. de Charles VIII, n° 26, 24, 36, 43 (29 mars, 2, 9 et 13 avril 1488), pp. 28, 32, 40, 46-47; voir aussi n° 40, p. 44. D'après Joligni, l'armée de La Trémoille montait à 12,000 hommes.

[3] Ibid. n° 46, p. 49; et D. Morice, Preuves, III, 585, lettre du duc d'Orléans aux habitants de Tréguier.

assauts[1]. Mais telle était la supériorité de l'artillerie française qu'elle domina bientôt la place de toutes parts. Nul secours ne venant du dehors, il fallut capituler. La composition fut honorable : tous les biens et les personnes des habitants furent respectés, la garnison put sortir vie et bagues sauves, à la réserve de huit otages, qui devaient être échangés contre les vingt prisonniers français retenus par les Bretons à la prise de Vannes, le 3 mars précédent. Cette capitulation est du 23 avril 1488[2].

Mais où était passée cette armée bretonne qui avait pris Vannes le 3 mars et forcé M. de Rohan à capituler? Pourquoi n'avait-elle pas essayé de faire lever le siège de Châteaubriant? — Cette question si naturelle n'a de réponse dans aucune de nos histoires; la *Correspondance de Charles VIII* nous fournit quelques notions, insuffisantes par elles-mêmes pour la résoudre, mais qui, rapprochées d'autres renseignements inédits, nous aideront à trouver la solution.

La Bretagne n'a jamais eu d'armée permanente : tout au plus, à l'époque dont nous nous occupons. un certain nombre de compagnies de l'ordonnance du duc, entretenues par lui à demeure, qui formaient sa garde ou, comme on a dit plus tard en France, sa maison militaire, et dont l'effectif. assez difficile à déterminer, ne devait guère dépasser 2,000 hommes; plus, un millier d'Allemands, provenant d'un corps de 1,500 hommes, envoyé en juillet 1487 au secours de la Bretagne par le roi des Romains. Le reste de l'armée bretonne se composait de deux éléments : 1° les possesseurs de fiefs, nobles, anoblis ou roturiers, qui devaient tous en personne, ou par représentants, le service militaire dans les conditions fixées par le droit féodal et réglées par les ordonnances ducales[3] ; 2° les milices paroissiales, comprenant les *francs-archers* ou *élus des paroisses*, institués en 1425, par le duc Jean V, à raison de cinq

[1] V. l'érection de la vicomté de Layens donnée à Gilles de Coulbert, sr de la Morleraye (l'un des défenseurs de Châteaubriant), dans le *Bulletin de la Société Archéologique d'Ille-et-Vilaine*. t. VI, p. 302. — V. aussi Alain Bouchart.

[2] D. Morice, *Preuves*, III, 586.

[3] Voir entre autres, pour le règne du duc François II. celles de 1466 et 1471. dans D. Morice, *Pr.* III, 150 et 227.

hommes, en moyenne, par chaque paroisse, — et les *bons-corps*, institués en 1480, qui étaient une levée « des plus forts et propres à porter les armes », faite « parmi les gens du bas estat et non nobles », par mandement ducal, dans les circonstances urgentes, mais dans des conditions moins régulières que celles des francs-archers [1]. — Les milices paroissiales et les milices féodales de la Bretagne étaient distribuées en compagnies sous des capitaines nommés par les lieutenants du duc ; mais elles ne se formaient en corps et ne quittaient leurs foyers que sur un ordre spécial ; la campagne finie, nobles et roturiers se dispersaient et revenaient chacun à leur domicile retrouver leur famille et reprendre leurs occupations ordinaires.

On comprend quelle devait être l'infériorité de pareilles milices en face des « bandes de gendarmes », formées de soldats qui faisaient exclusivement leur métier de la guerre, qui restaient toujours en corps, toujours soumis aux exercices et à la discipline militaires. Depuis Charles VII et Louis XI, l'armée du roi de France était presque entièrement composée de ces bandes permanentes, soit françaises, soit étrangères.

On comprend aussi que, quand la campagne se prolongeait, il devait souvent être difficile de retenir autour de leurs chefs les milices bretonnes, toujours tentées par la proximité de leurs clochers et de leurs manoirs, et par la facilité avec laquelle les déserteurs pouvaient se soustraire aux recherches. Aussi voyait-on parfois une belle armée, après avoir guerroyé pendant quelques mois, fondre et se dissiper en quelques jours, au moment où on avait le plus besoin d'elle pour assurer les résultats de la campagne. Ainsi en advint-il, vers la fin de décembre 1487, à l'armée avec laquelle le prince d'Orange assiégeait la Chèze et qui s'évanouit tout à coup, par suite des rigueurs de la saison [2]. Avec mille efforts on parvint à en reformer une vers la fin de janvier ou le commencement de février 1488 ; c'est cette armée qui prit Vannes et qui fit capituler le vicomte de Rohan.

[1] V. D. Morice. *Pr.* III, 353.

[2] Cette histoire a été contée par d'Argentré, d'après un mandement du duc François II, du 27 décembre 1487, publié depuis dans D. Morice, *Preuves*, III, 565-567.

On comptait beaucoup sur elle, et le duc, voyant la concentration de troupes françaises qui se faisait à Pouancé, voulut renforcer
les siennes en appelant le reste des milices bretonnes, laissées en
réserve dans leurs foyers. Le 18 mars, il envoya aux neuf évêchés
« neuf mandements d'injonction et commandement à touz les
» nobles, ennobliz, subgitz aux armes, francs archiers et esleuz et
» bons-corps choisiz, de se mettre en armes et se rendre, chascun
» à son coppitaine, pour aller vers Chasteaubriant à l'ost du duc[1]. »
— Le lendemain, 19 mars, un des plus fidèles soutiens de la cause
bretonne, Olivier de Coëtmen, ancien gouverneur d'Auxerre, écrivait de Redon à un ami : « Monsr (le prince d'Orange) s'en va à
» Renes, et a mandé le Duc ban et arière-ban ; et croy que verrez
» de brieff la plus belle armée qui fut, long temps a, vue en Bre-
» tagne[2]. »

Cet espoir fut entièrement déçu ; les réserves bretonnes, malgré
les ordres du duc, ne bougèrent pas, et l'armée qui venait de faire
la campagne de Vannes, découragée par cette inertie, se désagré-
gea ; si bien que, le 6 avril, Graville put écrire à La Trémoille :
« Il nous est à ceste heure icy venu nouvelles de Nantes où tous les
» seigneurs sont : et pour conclusion, nous a mandé un homme
» que toute leur armée est départie (dispersée), et qu'ilz n'ont en-
» semble que ce peu de gensdarmes qu'ilz ont et leurs Allemans
» qui ne sont que quatre à cinq cens, les plus ennuyés et les plus
» mal contents du monde[3]. »

Le duc fut obligé de renouveler, avec plus d'insistance, son appel
aux armes ; le 7 avril, il expédia l'ordre « à touz capitaines et
» officiers de justice de ce pays et duché (de Bretagne) de faire
» crier et bannir publiquement que touz et chascun gens d'armes
» et de trect, tant d'ordonnance, ban et arrière-ban, se mettent
» sus en habillement d'armes dedans lundi prochain (14 avril
» 1488), prêts à véager la part que leur sera mandé[4]. » Mais on ne

[1] Reg. de la chan. de Bret., de 1487-1488, f. 152 r°.
[2] Bibl. nat. Mss fr. 15540, f° 125.
[3] Corresp. de Charles VIII, n° 33, p. 38.
[4] Reg. de la chan. de Bret., de 1487-88, f. 151. v°.

pouvait plus songer à rassembler l'armée « vers Chasteaubriant »; la concentration des troupes françaises faite à Pouancé était trop avancée et trop redoutable; on paraît avoir songé à Lohéac, à Montfort [1]; on se décida pour Rennes. Dans le mandement relatif au *soulday* ou fouage de guerre, voté à ce moment par les États assemblés à Nantes, le duc, sous la date du 9 avril, motive cet impôt sur ce que « avons (dit-il) mandé touz noz nobles, ennobliz et » subgitz aux armes, francs archiers et esleuz et bons-corps de » nostre païs, de se preparer et mettre sus en armes, et se rendre » montez et armez en nostre ville de Rennes, où faisons presente- » ment assembler nostre ost et armée, presls à véaiger et nous ser- » vir en armes, à l'expulsion et resistance de noz ennemis [2]. »

Cette fois, on obéit mieux au duc, les contingents bretons se mirent en route vers Rennes et y arrivèrent successivement, mais avec lenteur. Vers le 20 avril, La Trémoille, qui assiégeait Châ-teaubriant, eut une fausse alerte : on vint lui dire que l'avant-garde de l'armée bretonne, forte de 4.000 hommes, était à Bain [3]; le 21, il écrivit au roi qu'il serait probablement attaqué; le roi lui répondit le 23 : « Au regard d'un article où vous mectez » que ceulx qui sont à Rennes vous menacent de vous venir veoir » et lever, vous entendez bien que en tel cas il ne fault point estre » larron à sa bource, c'est à dire, que si vous aviez beaucoup de » voz bons combatans bleciez et aussi que voz gens, tant archiers » comme arbalestriers, fussent petitement pourvuz de traict, c'est » une chose où vous devez bien prendre garde. » (N° 52, p. 57.)

L'armée bretonne, encore en travail de formation, était à ce moment incapable de faire campagne ; elle sortit de Rennes seu-lement le 30 avril, par la route de Nantes; le 3 mai, elle campait au Pont-Péan, sur la Seiche, à quatre lieues de Rennes [4]; elle ne

<hr>

[1] *Ibid.*, f. 148, v°, 151 v°.

[2] *Ibid.*, f. 155 v°.

[3] *Corresp. de Charles VIII*, n° 62, p. 71.

[4] D. Morice, *Preuves*, III, 586-587. Vivres fournis au camp du duc par les habi-tants de Guingamp.

semble point être descendue au Sud au delà de Bain, où elle était
encore le 22 mai[1].

On voit pourquoi elle ne put secourir Châteaubriant.

V

Le roi ayant ordonné de démolir les fortifications de cette
place, La Trémoille ne voulut pas laisser ses troupes sans
défense et fit faire près de la ville, pour les couvrir, un camp
fortement retranché; précaution inutile, en apparence, puisque
l'armée bretonne qui se formait à Rennes ne semblait guère
en état de venir l'attaquer : aussi en fit-on plus d'une raillerie à la
cour de France; le roi lui-même s'en mêla; le 29 avril il écrivait à
son général : « Vous dictes par vostre lectre que vous avez fait ung
» camp. Je croy que, Dieu mercy, vous n'aurez pas besoing de faire
» grand fossé entre vous et eux, car il est assez à croyre qu'ilz
» doyvent avoir plus grant peur de vous que vous ne devez avoir
» d'eux. » (N° 62, p. 71). Et le même jour, l'amiral de Graville,
enchérissant sur le maître selon son habitude, disait de son côté à
La Trémoille : « Je vous prie que vous n'escrivez plus de ce camp
» que vous faictes faire, car ceulx qui veulent mal parler en disent
» des plus mauvaises paroles, et seurent que c'est bien au contraire
» de chercher les enemys que de se fortifier de dix lieues loing
» et que c'est le plus grant eueur que l'on puisse donner à ceux de
» Rennes : et ung disoit hier que le camp que vous aviez commencé
» estoit plus fort que n'estoit Chasteaubriant, et que c'estoit de
» l'invencion de Pierre Lays qui avoit plus de myrmynes[2] à la
» teste que n'eut jamais Alexandre. » (N° 63, p. 73). — La Trémoille

[1] [illegible] Lettres VIII, [illegible] 92, [illegible] 106,

[2] [illegible]

laissa les beaux-esprits de la cour aiguiser leurs pointes frivoles et acheva son camp. En vrai homme de guerre qu'il était, il savait que le seul moyen de n'être jamais surpris est de toujours se garder comme si toujours on avait l'ennemi devant soi ; il voulait inculquer cette habitude à son armée.

Ce soin n'empêchait pas La Trémoille de songer à la suite de ses opérations ; le 5 mai, il adressait au roi un plan pour faire le siége de Fougères, le roi lui répond le lendemain : « Nous avons trouvé » vostre avis très-bon touchant le siége de Fougières, et n'y reste » que regarder diligemment la manière de faire et conduire l'exe- » cucion quant et quant. » Et il énumère ensuite les bombardes, bombardelles et canons qu'il pourra lui envoyer (N° 71, p. 82 et 83). Le 8 mai, qui était un jeudi, La Trémoille annonçait à Charles VIII qu'il partirait de Châteaubriant, « samedi ou lundi bien matin », c'est-à-dire le 10 ou le 12, pour marcher vers Fougères (N° 208, p. 232). Mais la réponse du roi, du 9 mai, ainsi conçue, l'arrêta :

« Nous avons receu vos lettres, ensemble le rolle de l'artillerie, » pavois à potence et autres choses que pour le siége de Fougères » vous sont nécessaires. Et touchant ce que par icelles nous escrip- » vez que partirez demain ou lundi pour y aller, lesdictes provisions » ne seroient prestes pour y estre quant et vous ; *et aussi est premier* » *besoing pourveoir à la place dont vous avez escript*, ce que avons » intencion de faire : pour quoy ne sommes point d'avis que partez » encore jusques à ce que aiez de noz nouvelles. » (N° 73, p. 86).

Les mots que nous soulignons dans cette lettre se rapportent indubitablement à Ancenis. La Trémoille, avant de partir, avait signalé le danger de laisser derrière soi cette place d'où les Bretons maltraitaient la frontière d'Anjou et d'où il leur serait facile, l'armée française une fois montée vers le Nord, de venir réoccuper Châteaubriant, en relevant les brèches ou se couvrant de retranchements provisoires. Le roi dut accueillir avec empressement l'idée du siége d'Ancenis, car cette ville appartenait au maréchal de Rieux, particulièrement odieux à Charles VIII pour avoir été le premier des barons de Bretagne à quitter le parti français. Cette place, d'ailleurs, n'était pas très-forte et ce siége n'exigeait pas des préparatifs et des approvisionnements aussi considérables que celui de Fougères. Aussi ce projet semble-t-il être resté secret entre le roi et La Trémoille. Le 13 mai, Graville écrivait à ce dernier comme s'il était sur le point de partir pour Fougères [1], et déjà il était près d'Ancenis, car son avant-garde en occupa les faubourgs dans la nuit du 13 au 14 mai [2].

Cette marche fut fort secrète. L'armée bretonne, encore à Bain, l'ignora; elle s'attendait, au contraire, à voir l'armée française monter vers le Nord. La Trémoille n'avait donc rien à craindre de ce côté. Mais il redoutait les secours que la place assiégée pouvait recevoir de Nantes par la Loire, d'autant qu'à la première nouvelle de ce siège, le duc de Bretagne avait donné ordre « aux juges de » Nantes de faire bannir et proclamer à son de trompe et autre- » ment, en tous lieux que verront estre requis, que tous les nobles, » ennobliz, francs archiers, esleuz, et autres subgectz aux armes, » incontinent après la publication de ce mandement, s'en aillent, » montez et armez ainsi qu'ilz sont tenus, aux ost et armée du duc, » pour marcher à aller [faire] lever le siège que les François ont » mis devant la place d'Ancenis », sous peine pour les défaillants d'être pris au corps, mis en prison, tous leurs biens saisis [3].

La Trémoille s'efforça donc de rassembler des bateaux pour intercepter la navigation de la Loire et bloquer la place par terre et par eau [4]. Il paraît que Jacques Le Moyne, grand écuyer de Bretagne, guerrier aussi brave que peu chanceux, trouva moyen d'entrer dans Ancenis avec un petit secours [5]; mais nul secours ne pouvait enlever aux Français la supériorité formidable qu'ils tiraient

----

[1] *Corresp. de Charles VIII*, n° 79, p. 94-95.

[2] Le 15 mai, Charles VIII écrit à La Trémoille : « Cher et bon cousin, nous avons reçu voz lettres escriptes hier (14 mai), à 5 heures du soir aux faubourgs d'Ancenis, contenant que vostre avant-garde estoit la nuyt precedent (la nuit du 13 au 14) arrivée dedans lesditz faubourgs et de voz gens avoyent visité la fousse, et le tout de jà. De avoir de ladicte avant-garde avec ceste faicte sans perdre heure. » (*Ibid.*, n° 80, p. 96.)

[3] Reg. de la chanc. de Bret. de 1487-1488, f. 181, r°.

[4] *Corresp. de Charles VIII*, n°° 80, 82, 210, p. 97, 99, 234.

[5] *Ibid.*, n° 80, p. 97.

de leur artillerie, dont l'historien de Charles VIII, Jaligni, présent à
ce siége, parle ainsi :

« On tenoit l'artillerie du roi l'une des bonnes que jamais aucun
de ses predecesseurs eût eue; il y avait entre autres des bastons
(des pièces d'artillerie) de nouvelle fabrique, en façon de serpentines, qui faisoient des passées incroyables, tellement qu'en moins
de quatre jours tous ceux de dedans (Ancenis) furent si battus qu'ils
n'avoient plus de defenses où ils s'osassent tenir et ne pouvoient
plus rien exploiter ny endommager leurs ennemis. Se voyant donc
ainsi rudement traitez, ils furent contraints de demander à parlementer, ce qui leur fut octroyé, et leur fut accordé qu'ils auroient
liberté de s'en aller seurement, à condition que la place et tous les
biens dedans demeureroient au bon plaisir et à la discretion du roy.
Cette garnison, pour la plus part, se mit par eaue et s'en alla à
Nantes, et suivant la condition susdite, tous les biens de la place
furent distribuez aux capitaines et autres de l'armée du roy[1]. »

C'est surtout le maréchal de Rieux qu'on vouloit atteindre par là,
car on disoit « la pluspart de son bon meuble caché dans Ancenis[2] », mais il ne paraît pas (par la *Correspondance de Charles VIII*)
qu'on l'y ait découvert.

Comme à Châteaubriant, La Trémoille retint aussi de la garnison
bretonne quelques otages, pour obtenir plus sûrement la restitution
des prisonniers français de Vannes, que les Bretons n'avoient pas
encore rendus et qui durent l'être, par voie d'échange, vers le
26 mai. (V. n° 212, p. 230.)

La date de la reddition d'Ancenis, qu'aucun historien ne donne,
est fournie par la *Correspondance de Charles VIII*. Elle eut lieu le
19 mai, car dès le lendemain, 20 mai, madame de Beaujeu, qui
était à Chinon avec le roi, prit la peine de féliciter elle-même le
jeune général de la plus gracieuse façon : « Mon cousin, j'ay ce
» matin receu voz lettres, et suis d'opinion que le roy vous envoye
» tousjours à la guerre, car vous y estes très cureux.... Au regard
» de ce que vous devez faire de la place d'Ancenys, le roy le vous

<hr>

[1] *Hist. de Charles VIII*, édit. Godefroy, in-fol., p. 49.
[2] *Corresp. de Charles VIII*, n° 90, p. 107.

» escript par ceste poste. » (N° 85, p. 101-102.) Toujours par ressentiment contre Rieux, Charles VIII ordonna de démolir toutes les fortifications d'Ancenis : « La place fut toute rasée, dit Jaligni, » les fossez qui estoient taillez dans le roc furent comblez [1] ». Et alors, comme à Châteaubriant, bien qu'il fût encore plus loin de l'armée bretonne, La Trémoille n'hésita pas à couvrir ses troupes d'un camp retranché [2].

VI

La campagne de La Trémoille en Bretagne est une action complète divisée en trois parties. La prise de Châteaubriant et celle d'Ancenis (23 avril, 19 mai 1488) représentent le prologue ; le siége de Fougères et la bataille de Saint-Aubin-du-Cormier (12-19 et 28 juillet) sont la péripétie, le point culminant du drame ; la prise de Dinan et celle de Saint-Malo (7 et 14 août) en forment l'épilogue ; le traité du Verger (21 août), le dénoûment.

Ce n'est pas sans raison que La Trémoille, après avoir débarrassé la frontière d'Anjou des deux places bretonnes qui la dominaient, se donna pour objectif Fougères. Il voulait s'avancer en Bretagne en gardant avec la France, sa base d'opération, des communications assurées. Entre la zone frontière de la Bretagne et l'intérieur du pays, Rennes et Nantes s'interposaient comme deux grands boulevards, qu'il fallait tourner ou emporter. Attaquer l'un ou l'autre, c'était risquer un échec presque certain, le siége de Nantes (en 1487) l'avait prouvé, et La Trémoille était trop prudent pour courir une pareille aventure. Il fallait donc tourner ces deux villes et pénétrer en Bretagne soit par le sud, en passant la Vilaine du côté de Redon et marchant de là vers Vannes, soit par le nord du côté

[1] *Hist. de Charles VIII*, édit. Godefroy, in-f°, p. 49.

[2] Le roi, qui était venu à Angers dès la fin de mai, ayant voulu conférer avec La Trémoille, l'amiral de Graville écrivit à celui-ci, le 8 juin : « Le Roi vous escript une lettre que, incontinent que les ambaxadeurs seront passez, vous en viengnez devers lui ; et me semble que vous devez donner bon ordre en vostre camp, et y laisser une bon personnage ou deux, à qui vous recommandez tout. » (*Corresp. de Charles VIII*, n° 115, p. 130.)

de Dinan, en marchant vers Saint-Brieuc et Guingamp. La première
voie était la plus périlleuse : on avait derrière soi tout à la fois
Rennes et Nantes ; les Bretons en s'appuyant, comme ils le faisaient sur ces deux places et en combinant bien leurs mouvements,
pouvaient facilement couper la ligne de communication de l'armée
française ou la prendre dans un étau quand il lui faudrait rega-
gner la France.

Par l'autre voie au contraire, on n'avait que Rennes derrière
soi : de plus, les Français occupaient déjà Saint-Aubin et Dol, deux
places trop petites et trop faibles pour avoir par elles-mêmes une
valeur sérieuse, mais qui, appuyées sur une troisième plus forte
et mieux outillée, comme était Fougères, deviendraient d'une grande
ressource. Solidement établis à Fougères, avec Saint-Aubin pour
avant-poste à six lieues de Rennes, les Français pourraient effica-
cement surveiller cette dernière ville et la tenir en échec ; par Dol,
leur autre avant-poste, ils en feraient autant à Saint-Malo, et auraient
de grandes facilités pour attaquer Dinan : Dinan pris, Rennes et
Saint-Malo masqués, ils pourraient s'avancer en Bretagne sans rien
craindre pour leurs communications.

Telle était, dans cette campagne, l'importance d'une attaque contre
Fougères. Sitôt Ancenis pris et démoli, on doit donc s'attendre à voir
l'armée française monter vers le nord pour entreprendre cette opération capitale, résolue par Charles VIII, sur la proposition de
La Trémoille, quelques jours après la prise de Châteaubriant. Elle
n'en fit rien. Ancenis avait capitulé le 19 mai, Fougères ne fut assiégée que le 12 juillet. L'intervalle entre ces deux dates est occupé
par une série de négociations et de trèves successives, dont le but,
la prolongation surtout de la part des Français, se comprend difficilement. Que les Bretons, si malmenés depuis le commencement
de la campagne, aient éprouvé le besoin de panser leurs plaies, de
rassembler de nouveaux éléments de résistance, rien de plus naturel.
L'intérêt des Français était de poursuivre vivement leur fortune, de
ne pas laisser respirer leurs adversaires, de les accabler sous la
rapidité de leurs succès, de les obliger à subir la paix qu'il plairait
au roi de dicter. Cependant dès le 20 mai, l'amiral de Graville

écrit à La Trémoille : « Les Bretons demandent une trêve de quinze jours, ce que bonnement on ne peut leur refuser » (n° 87, p. 104). Il engage, il est vrai, La Trémoille, avant la trêve, à prendre « une meschante place des bords de la Loire », le Loroux-Botereau qui « a fait dommaige de cent mille escuz en Poitou. » Et le roi ajoute deux jours après : « Pourceque ladite trêve n'est pas encore » prise, sy vous pouvyez entre cy et là faire quelque exploict à » ces petites places du cousté de Clisson et le clos de Raiz, qui ont » tant fait de mal cette année, et les meetre en bon estat inconti- » nent qu'ilz seroient prises, ce ne seroit point perte de temps, » mais ung très grand bien pour nostre pays d'Anjou et de Poictou » (n° 92, p. 109). Un tel langage n'est guère pacifique. Sur la trêve elle-même Graville, fidèle écho des pensées de la cour de France, s'exprime ainsi, dans une lettre à La Trémoille du 28 mai : « En » tant que vous dictes que ce n'est qu'ung *amusement* de ceste trêve, » c'est la vraye verité, et ne fault point que vous faciez doubte du » contraire » (n° 100, p. 117). Mais qui avait intérêt à cet *amuse- ment?* Ce ne pouvait être les Français, car Graville ajoute immé- diatement : « Et sy vous dy que si vous ne faictes quelque exploict » entre cy et troys sepmaines, je croy que vous ne ferez de » ceste saison guères grant chose ou quartier de par deça, et ce » que je vous escrips n'est point sans cause. » Alors pourquoi faire cette trêve?

Cependant elle fut conclue le 1ᵉʳ juin pour quinze jours [1]; le 13 ou le 14, elle fut prolongée jusqu'au 20 ou 21 (n°ˢ 117, 118, 122, pp. 132, 134, 137), — puis, le 19, jusqu'au 26 (n°ˢ 128 et 216, p. 143 et 242) [2], — ensuite jusqu'au 29 (n° 138, p. 154), — enfin, le 1ᵉʳ juillet, jusqu'au 6 de ce mois inclusivement (n° 140, p. 156). Sous ces prolongations répétées se cachait sans doute, du côté de la France, un désir ou un dessein que nous ne connaissons pas ; ces retards dans l'action ne pouvaient être motivés par le be- sein de compléter la préparation, car, le 23 juin, Graville écrivait

<hr>

[1] D. Morice, *Preuves de l'Histoire de Bretagne*, t. III, col. 587-589.

[2] V. aussi *Reg. de la Chancellerie de Bretagne*, de 1487-1488, f. 205 r°.

à La Trémoille : « Le siége que vous savez (celui de Fougères) est
» conclud, et en sont tous les appareils prestz, tant gens que
» artillerie » (n° 132, p. 147). Il y a là une petite énigme diploma-
tique, dont on finira sans doute par trouver le mot. Provisoirement,
je serais porté à croire — sans rien affirmer, bien entendu, — qu'il
y aurait lieu de le chercher du côté de l'Angleterre ; le comte de
Scales venait d'amener en Bretagne (avant le 25 mai) un petit
secours de 7 à 800 archers anglais, dont les Bretons enflaient
le chiffre et faisaient grand bruit ; le roi Henri VII avait, dès le
27 mai, écrit à Charles VIII pour désavouer cette intervention, mais
sa lettre avait un caractère si confidentiel qu'elle est restée inconnue jusqu'à la publication récente de M. le duc de La Trémoille ;
je soupçonne qu'avant de rouvrir les hostilités, la cour de France
désirait, espérait même obtenir du prince anglais un désaveu public
et peut être un ordre formel à Scales de revenir en Angleterre.

Le caractère de cette trêve ne fut pas le même pendant toute
sa durée. Jusqu'au 16 juin, elle comporta une cessation absolue
d'hostilités et une immobilité complète des belligérants ; elle
fut de part et d'autre mal observée. Ainsi, dans un acte du 6 juin
1488, le conseil de ville de Rennes dit « qu'il a esté fait rapport
» à Rennes que, à l'occasion d'une *destrousse* naguères faicte
» par les gens du duc nostre souverain seigneur, és fors bourgs
» de Vitré, sur les François[1], les ditz François ont fait entre-
» prinse de piller ceste nuyt les forsbourgs de Rennes », et le conseil ordonne au « capitaine Perrot et sa compaignie, à ung nommé
» Jacques, capitaine de nombre d'Angloys et sa compaignie, se tenir
» et faire le guet toute la nuyt ésditz forsbourgs, affin de iceulx
» forsbourgs garder et preserver des François[2]. » Ainsi, encore
nous trouvons, dans les registres de la Chancellerie de Bretagne,
sous la date du 10 juin, l'extrait d'une ordonnance ducale ou « man-
» dement s'adressant à Théband du Maz, sr de la Rivière, de assem-
» bler des *bons corps* des parroisses d'Amanlys, Janzé, Piré, Chancé,

---

[1] Vitré était occupé par une garnison française. *Détrousse* est synonyme de défaite,
échec, surprise.

[2] Arch. de la ville de Rennes, liasse 4.

» Oucé, Saint-Aubin (du Pavail), Louvigné (de Bais) et Molins, en
» tel nombre qu'il verra estre requis, pour empescher les François
» de faire des courses, prinses et pilleries sur lesdictes porrois-
» ses [1]. »

Du 16 au 30 juin, le régime de la trêve imposa de part et d'autre
abstention d'hostilités, étant stipulé « que l'armée du roi ne feroit
» nulle course outre la rivière de Vilaine et ne passeroit Vitré ou
» Marcillé », mais « pourra loger et desloger sur les païs que le roi
» tient en Bretagne et y prendre des vivres, sans passer le chemin
» qui va de Laval à Vitré » (n°s 122 et 216, p. 137 et 212). Enfin,
après le 30 juin, le roi accorda seulement que l'armée de La Trémoille ne mettrait le siége devant aucune place avant le 7 juillet,
« et ce temps pendant chascun fera du mieulx qu'il pourra [2]. »

VII

En suite des obligations imposées par les trêves, La Trémoille
et son armée ne quittèrent Ancenis que le 17 juin 1488 (n° 123, p.
138). Il arriva le 20 à Martigné-Ferchaud, il y était le 22, le 23, et
n'en partit que le 25 (n°s 132 et 134, p. 147 et 149), pour aller à
Marcillé et de là camper à une lieue et demie seulement au sud
de Vitré, au Pont d'Etrelles [3], où il arriva avant le 30 juin et
qu'il quitta le 2 juillet pour se rendre, le jour même, à Châtillon en
Vendelais, à peu près à moitié chemin entre Vitré et Fougères [4]
(n°s 140 et 144, p. 155, 156, 159). Il avait là son camp et son
quartier général, mais une partie de son armée était logée derrière
lui dans Vitré même, comme le prouve cette curieuse lettre, que
le roi lui écrivit d'Angers le 4 juillet :

[1] Reg. de la Chanc. de Bret. de 1487-1488.

[2] Correspondance de Charles VIII, n° 140, p. 156. Tous ces détails sur le régime
des trêves et sur leur prolongation après le 26 juin et tont inconnus avant la publication de la Correspondance de Charles VIII.

[3] M. le duc de La Trémoïlle imprime « Por de Trésie », tout en plaçant (dans sa
table des noms de lieux et de personnes) cette localité en la c[ne] d'Etrelles, où elle
se trouve effectivement. Mais le véritable nom de ce village est Pont d'Etrelles, et
il est ainsi nommé parce qu'il marche le pont sur lequel la route de Vitré à la Guerche
franchit une petite rivière formant le ruisseau méridional de la Vilaine.

[4] A 3 lieues au nord de Vitré et à 4 lieues environ au sud de Fougères.

« Cher et féal cousin, nostre très cher et très amé cousin le comte de Laval (seigneur de Vitré) nous a dit et remonstré qu'il a esté adverty que, au partement de nostre armée pour tirer plus avant, vous estes déliberé de faire mectre le feu aux faulxbourgs de sa ville de Vitré, et aussi que nostre armée fait de grans maulx et foulles à ses subgectz des terres et seigneuries qu'il a par delà ; qui est très-mal fait, attendu ce que, par autres noz lectres, vous en avions escript [1]. A ceste cause et que, pour riens, ne vouldrions souffrir aucun dommaige estre faict à nostredit cousin ne à ses subgectz, ne touchez point ausditz faulxbourgs, et advisez de donner ordre au demourant de ses terres et subgectz en manière qu'il n'ait plus cause de s'en plaindre : car vous savez les services qu'il nous a faitz et fait chascun jour, lesquelz nous voulons bien recongnoistre [2]. »

Il est étrange de voir le chef de l'armée française menacer de la sorte un des rares seigneurs bretons restés dans le parti français ; mais, d'après le témoignage de divers documents inédits (qu'il serait trop long de faire connaître ici), le comte de Laval était loin d'être aussi dévoué à la France que le roi semble le dire. Prochement allié au duc de Bretagne, il aurait voulu garder la neutralité ; s'il avait reçu un peu malgré lui une garnison française dans Vitré, il ne voulait pas laisser cette place servir de point d'appui à des attaques directes contre la Bretagne. Quant aux habitants de la ville et de la baronnie de Vitré, ils ne cachaient point leurs sentiments bretons et avaient joué aux Français plus d'un mauvais tour ; sans doute on les soupçonnait d'avoir favorisé la *détrousse* qui faisait bruit à Rennes le 6 juin ; souvent aussi ils se jetaient, pour les piller, sur les terres de la frontière française, non sur le comté de Laval qui était à leur seigneur, mais sur la baronnie de Craon qui appartenait à Louis de La Trémoille [3] ; de là le courroux de celui-ci. Le roi de France avait tant d'intérêt à

---

[1] Le 20 juin 1488, dans la *Corresp. de Charles VIII*, n° 129, p. 144.

[2] *Corresp. de Charles VIII*, n° 118. p. 164. 165.

[3] Voir *Corresp. de Charles VIII*, n° 119, p. 135, lettre de Graville à La Trémoille du 14 juin 1488.

retenir dans son parti le comte de Laval qu'il passait par dessus tout et gardait vis-à-vis de lui les plus grands ménagements.

Sacrifiant sa vengeance à son devoir, La Trémoille ne songea plus qu'au siége de Fougères. Il était déjà allé reconnaître la place (n° 151, p. 167), quand le roi, rompant définitivement toute trêve avec les Bretons, lui écrivit le 9 juillet : « Au regard de vostre » siége, n'y dissimulez plus, car ce qu'ilz nous ont entretenu de » parolles jusques icy n'est que abuz... Faites en tout la diligence » possible et nous servez en cet affaire, qui est des plus grans » que nous puissions avoir ; et de nostre part ne faictes point » de doubte qu'il n'y sera riens épargné, quelque chose que » ce soit. » En même temps, quoiqu'il eût déjà notablement renforcé son armée, Charles VIII lui annonçait l'envoi d'une nouvelle bande de Suisses (n° 155, p. 173). Trois jours après, La Trémoille posait le siége devant Fougères.

VIII

Cette place passait alors pour une des meilleures de Bretagne, « la plus forte après Nantes », dit Jaligny. Elle vivait sur le souvenir de son dernier siége, celui de 1449, qui avait duré deux mois et imposé au duc de Bretagne, assisté d'une grosse armée, de laborieux efforts pour reprendre la ville sur les Anglais, qui, eux, ne l'avaient eue que par surprise et trahison en pleine paix. Depuis lors, le duc François II en avait encore accru et modifié les fortifications, en vue des exigences imposées par la force croissante de l'artillerie. Les Bretons étaient donc portés à croire qu'elle arrêterait longtemps les Français et donnerait à leur armée tout loisir de se concentrer, de s'approvisionner et de se bien préparer pour venir attaquer les assiégeants. Ceux-ci jugeaient des choses autrement, et si Jaligny a trouvé bon d'exagérer, après le succès, la difficulté vaincue, les capitaines de l'armée française n'en prédisaient pas moins, dès le mois de mai 1488, que Fougères serait prise en six jours, en raison de « la fureur de » l'artillerie, qui est si merveilleuse, disait l'un d'eux [1], qu'il n'est

[1] Pierre d'Urfé, grand écuyer de France, voir la *Corresp. de Charles VIII*, n° 79, p. 95.

» homme qui ne soit estonné en une petite place comme ceste-là. »
Et malheureusement ils voyaient juste. Les choses avaient bien changé
depuis 1449, quant à la force respective de l'attaque et de la défense
des places : jusque vers 1450, la défense était restée plus forte que
l'attaque ; après cette date, et surtout après les grands progrès de
l'artillerie sous Louis XI et Charles VIII, ce fut tout le contraire.

Les canons en fonte de cuivre n'étaient plus réduits aux boulets
de pierre, comme les grossières bombardes des premiers temps ;
ils lançaient des boulets de fer, bien autrement efficaces, et pour
qui c'était un jeu de faire brèche dans les grandes murailles de
l'âge féodal, dont on ne pouvait se résoudre à diminuer la
hauteur, devenue pour les assiégés une cause de ruine. Une
meilleure fabrication de la poudre avait accru la portée des pièces,
et avec le tir parabolique, quand il s'agissait d'une petite ville
comme celles que la Trémoille attaquait, l'assiégeant la pouvait
couvrir toute de ses feux, fatiguant sans cesse la garnison dans
l'intérieur de la place, surtout l'empêchant d'élever, en arrière des
murailles, de nouvelles défenses — en bois et terre — qui
eussent formé, après la brèche, un obstacle plus résistant et plus
efficace. Or, un auteur de cette époque très-compétent, dit :
« Il est impossible d'appeler aujourd'hui place forte un lieu où les
» troupes qui le défendent ne peuvent se retirer derrière de nou-
» veaux fossés et de nouveaux remparts ; telle est la violence de
» l'artillerie que c'est tomber aujourd'hui dans une erreur funeste
» que de fonder son salut sur la force d'un mur unique ou d'un
» seul retranchement [1]. »

Quand, avec cela, une petite ville se trouvait complétement inves-
tie par des forces supérieures, les assiégés voyant ruiner leurs défenses sans pouvoir en élever d'autres, se voyant écrasés eux-mêmes
par l'artillerie ennemie, dès qu'ils perdaient espoir de secours, ils
perdaient courage, ils se démoralisaient, et ils rendaient la place
sous huit jours. Ainsi étaient naguère tombés Ancenis et Châteaubriant, assiégés par les Français. Et, en pareille situation, les Fran-

---

[1] Machiavel, *l'Art de la Guerre*, livre VII, trad. franç, du *Panthéon litter*, t. I
p. 393 ; et *Discours sur Tite Live*, livre II, ch. XVII, ibid., p. 517.

çais ne faisaient pas mieux : assiégés dans Vannes par les Bretons, ils avaient, eux aussi, tenu huit jours, du 25 février au 3 mars 1488. C'était la loi commune. Fougères allait la subir.

IX

Quand le siége fut mis, le vicomte de Coëtmen, capitaine de Fougères, n'était pas dans cette ville, il était dans l'armée que le duc réunissait pour la secourir. La défense fut dirigée par son lieutenant, Jean de Romillé. La garnison (selon Jaligny) était de 2 à 3,000 hommes. L'ennemi approchant, elle sortit pour lui disputer le terrain et l'empêcher de poser le siége ; mais que pouvait-elle contre l'armée de La Trémoille qui, toujours tenue au complet et même renforcée depuis le commencement de la campagne, devait monter en ce moment à 15,000 hommes ? La garnison fut rudement repoussée derrière ses remparts, où elle se défendit bien. Jaligny ajoute « qu'en moins d'un jour toutes les » defenses du costé du siége furent ostées aux assiégez [1]. » Cela ne peut s'entendre que des défenses extérieures, boulevards, bastilles chemins couverts, etc., que l'on établissait en dehors et en avant des murailles. En ce sens même, l'assertion de Jaligny n'est pas exacte, car le 14 juillet, à neuf heures du matin, La Trémoille écrivait à Charles VIII qu'il était « *devant* les deux boullevars de Sainct Lyé- » nard et de Roger [2], » c'est-à-dire devant les fortifications avancées qui défendaient deux des portes de Fougères, la porte Saint-Léonard et la porte Roger; et le 15. à neuf heures du soir, écrivant de nouveau au roi. il ne lui annonçait aucun progrès, aucun mouvement de l'armée assiégeante [3], qui, d'après cela, dut rester au moins deux jours devant ces boulevards.

[1] *Hist. de Charles VIII* de Godefroy, édit. 1684, p. 51.

[2] *Corresp. de Charles VIII.* n° 159. p. 177.

[3] Cela resulte de la *Corresp. de Charles VIII*, n° 162, p. 182 (lettre du 16 juillet). — Le roi, qui a toujours soin de relever les succès de son général et de l'en féliciter, qui d'ailleurs repond ici a sa lettre chapitre par chapitre, ne dit pas un mot du progrès des assiegeants devant Fougères; il y a plutôt lieu de croire que La Trémoille s'etait montre, dans sa lettre du 15, quelque peu inquiet de l'energique résistance des assieges. car le roi ne parle que de renforts à lui envoyer, en armes et en hommes.

Entre ces deux lettres de La Trémoille il s'était pourtant produit
un fait important : la garnison française de Dol, forte d'environ
200 lances [1] — soit 1,200 hommes de guerre — avait évacué cette
petite place, qui n'était pas sûre, pour joindre l'armée de La Trémoille (n° 162, page 183), ce qui permit à celui-ci de compléter
l'investissement de Fougères, car avant le 15 juillet, il n'avait pas
encore réussi à « clorre son siége » (n° 159, p. 178), c'est-à-dire
à investir la ville complétement. C'était là à ses yeux la condition
nécessaire d'un prompt succès [2] ; aussi n'hésita-t-il point à prendre
la garnison de Dol, malgré les répugnances de Charles VIII, tenté
de voir dans l'abandon de cette bicoque une sorte de honte
pour ses armes [3]. Au début du siége, les gens de Fougères avaient
envoyé aux chefs de l'armée bretonne le capitaine Rogues, qui remplit sa mission sans encombre [4]. La situation devenant plus critique
et nul secours ne venant, on dépêcha un second messager, Jacquet
Doré ; mais celui-ci, on ne le revit pas : quand il voulut rentrer dans
Fougères, il fut pris par les Français [5] qui avaient complété leurs

[1] V. *Corr. de Charles VIII*, n° 71, p. 82.

[2] *Ibid.*, n° 150, p. 166.

[3] *Ibid.*, n° 153, 155, 162, pp. 169-170, 172, 183.

[4] Dans le compte inédit de François Lasne, receveur et miseur de la communauté
de ville de Fougères en 1488, on lit cet article : « Au cappitaine Rogues, lequel
fut envoyé durant le siége devers l'armée pour porter lectres de par les cappitaines
à Mons' le duc d'Orléans et à Mons' le prince (d'Orange), luy a poyé ce miseur un
escu d'or, pour ce XXXV s. » Je dois la communication de ce compte à mon excellent
ami M. Léon Maupillé.

[5] « A Jaquet Doré, lequel fut envoyé, de par les s" et officiers de Foulgères,
devers l'armée, pour leur faire savoir des nouvelles que le siège estoyt devant
Foulgères et demeuder du secours et que hastoint fort la ville, luy a poyé ce miseur
(François Lasne), pour son deffroy la somme de XL s. — Johan Cochet, controrolle
des deniers de la reparacion de la ville de Foulgères, certiffie que led. Jaquet Doré,
en s'en retournant de l'armée du Duc, fut prins à prinsonnier des Francoys, et aprés
fist ajourner ce miseur davant le provost des mareschaulx aud. lieu de Foulgères, et
lui demendait grant somme d'argent pour sa renczan, et fut appointé entr'elx à la
somme de doze livres monnoie, quelle somme ce miseur a poyée aud. Jaquet Doré, et
l'en quicta, ainsi que apert par relacion et quictance signée de mon signe manuel ey aus
le 12e jour d'aougst l'an 1488. (Signé au bas de la page) J. Cochet. » Compte inédit
de François Lasne, miseur de Fougères en 1488. Cet article suit immédiatement celui
qui concerne le capitaine Rogues.

lignes d'investissement et achevé de « clorre leur siége. » La ville était désormais privée de toute communication avec le dehors.

Le roi ne cessait pas d'ailleurs de renforcer l'armée de siége; jusqu'à la prise de Fougères, ce fut son occupation et sa préoccupation constante, ses lettres du 9 au 18 juillet sont curieuses à cet égard : il envoie d'abord des troupes d'élite et d'armes spéciales, des fantassins suisses (n° 155, p. 173), des pionniers, des arbalétriers et des « artilliers » (n° 159, p. 177-178), puis des gens de pied à foison, il en tire jusque d'Auvergne (n°⁵ 159, 162, p. 177, 182). Mais le nombre ne sert de rien s'il n'est soutenu, dirigé par des officiers habiles, et le roi, non content de ceux que comptait déjà son armée, expédie coup sur coup à La Trémoille un Suisse, ingénieur de renom, Sixt Sequetorf, « quel est homme, dit le roi, pour » nous faire de grans services en la guerre, mesmement en un » siége à faire ponts et autres habiletez et subtillitez, vaillant » homme de sa personne » (n° 158, p. 176), — Jean Segeuser, autre Suisse, « filz de chevalier et de bonne maison », recommandé spécialement au roi « par ceulx de la cité de Berne » (n° 161, p. 181), — puis le sʳ de Baudricourt, gouverneur de Bourgogne, capitaine d'expérience et de renom ; Champerroux, brûlant du désir de faire payer aux Bretons l'échec qu'il avait reçu d'eux à Vannes ; et encore le bâtard de Bourbon, le sire de Colombiers, etc., (n°⁵ 162 et 165, p. 182 et 186).

Avec de telles forces, le siége devait marcher vite. Le 17 juillet, à midi, La Trémoille annonçait à Charles VIII « la batterie qu'il » avoit faite au portail de Rogier et au pan de mur d'emprès » la tour de Montfremery, et aussi l'autre batterie que fait le grand » escuyer (Pierre d'Urfé), au boulevard de Saint Liénard, de la » tour de l'eschauguette et d'un pan de mur qui est en ce » quartier-là [1]. » Ainsi l'armée assiégeante n'était plus *devant* les boulevards Roger et Saint-Léonard, mais *dedans*; elle avait emporté les défenses extérieures de la place et s'y était logée, elle battait

---

[1] *Corresp. de Charles VIII*, n° 164, p. 185, et D. Morice, *Hist. de Bret.*, t. II, p. ᶜᴸ.

directement, en quatre endroits, les portes et les murailles de Fougères.

En même temps ses pionniers exécutaient un travail difficile, qui donne grande idée de l'habileté des ingénieurs français : « Au dessus de la ville, dit Jaligny, la petite rivière qui passe par » dedans fut détournée et divertie ailleurs, dont ils (les Bretons) » croyoient bien qu'on ne pourroit jamais venir à bout [1]. » La *Correspondance de Charles VIII* ne mentionne point cette opération, dont on ne saisit pas d'abord l'utilité. Le château de Fougères s'élève au fond d'un ravin abrupt, où coule, du Nord au Sud, le Nançon. La ville, qui touche au château par son extrémité Ouest, s'allonge en *boyau* pour gravir la pente rapide du coteau Est, et se développe ensuite sur le plateau entre les points marqués jadis par la porte Saint-Léonard (au Sud) et la porte Roger (au Nord). L'artillerie française attaquait donc la partie haute de la place, qui domine tout le reste, et d'où l'on pouvait battre, non-seulement la basse ville, mais le château, de façon à le rendre intenable. Cette partie de l'enceinte une fois gagnée, il semble que la lutte devait finir forcément, et le détournement du Nançon rester sans objet.

Cependant la position du château de Fougères, nulle contre une attaque d'artillerie, avait un mérite encore très-apprécié à la fin du XVe siècle : des réservoirs alimentés par l'eau du Nançon permettaient d'inonder la vallée et de rendre la forteresse inaccessible [2]. Une poignée d'hommes résolus, s'y jetant après la prise de la ville, auraient été garantis contre un assaut par la profondeur de ce lac improvisé, contre l'artillerie par les caves et souterrains du

---

[1] *Hist. de Charles VIII*, par Godefroy, édit. 1684, p. 51.

[2] « Pour compléter la défense de la place (du château de Fougères), on avoit ménagé trois grands réservoirs, qui étaient entretenus par les eaux du Nançon et qui en rendaient les approches très-difficiles. Les deux premiers de ce réservoirs étaient désignés sous le nom d'étang de la Couarde. » — Le troisième était « l'étang de Rouillard, immédiatement au dessous du château... — Pour inonder les approches du château, il suffisait de fermer les écluses qui donnaient passage à la rivière, et bientôt tous les abords présentaient l'aspect d'un lac assez profond pour qu'il fût très-dangereux de le franchir. » — L. Maupillé, *Notice historique sur Fougères*, 1846, p. 136-137, cf. p. 82.

château : tant qu'ils auraient eu des vivres, ils eussent pu se maintenir, donnant à l'armée bretonne le temps d'arriver, tout au moins retenant longuement autour d'une mesure tous les efforts de l'armée française. Il y avait dans la garnison de Fougères des éléments énergiques, des cœurs intrépides, très-capables de tenter cette aventure. En détournant le Nançon, La Trémoille leur en ôta le moyen [1].

Il prit Fougères par composition le samedi 19 juillet 1488. Cette date, très-importante à connaître et cependant inconnue jusqu'à présent, est fixée par une lettre du sire de Beaujeu, du 20 juillet, où il dit à La Trémoille : — « J'ay receu voz lectres et veu ce » que avez escript au roi touchant la composicion de Fougières, » en quoy vous et les capitaines qui sont par delà vous estes très » bien acquictez » (nº 167, p. 187). Il y a une lettre de Graville du même jour et à peu près de même teneur (nº 168, p. 188). La composition devait être de la veille, car La Trémoille n'avait pu manquer d'en informer Charles VIII immédiatement, et ses lettres mettaient au plus quatorze heures pour aller à Angers, où était le roi (voir nº 159, p. 177). Cette date est d'ailleurs écrite en toutes lettres dans le compte (inédit) de François Lusne, miseur de Fougères en 1488, où on lit l'article suivant :

« A ce miseur, lequel mist au boulouvert de Rillé, — dempuix le vingt troiziesme jour de decembre l'an mil quatre cens quatre » vigns et sept *jucques ou dix neuffiesme jour de juillet enssuivant,* » *que la ville de Foulgeres fut rendue au roy,* — par chescune » nuyt, ung franc archier à faire le guect au long de la nuyt avec- » ques le guect ordinaire, pour la seurté et garde de la ville : que » sont deux cens sept nuitz : a poyé ce miseur pour chescune nuyt

[1] M. Maupillé, si compétent sur tout ce qui touche l'histoire de Fougères, semble mettre en doute ce travail de détournement du Nançon (*Notice hist. sur Fougères*, p. 106, note). Cependant une erreur de ce genre ne serait guère concevable chez Jaligny, contemporain, secrétaire du sire de Beaujeu, informé directement par les capitaines de l'armée française, peut-être présent au siège. Son témoignage signifie au moins que les ingénieurs français prirent des mesures propres à rendre impossible l'inondation de la vallée par les eaux de la rivière.

» quinze deniers, vault le tout desdictes nuytz, audict pris, XII l.
» XVIII s. IX d. »

La Trémoille accorda à Fougères une « bonne composition » [1] :
les personnes et les biens furent respectés, la garnison put sortir
vie et bagues sauves et aller où elle voudrait. Il semble toutefois,
comme on le verra plus loin, qu'elle fut retenue quelques jours
dans la ville avant de pouvoir profiter de cette faculté.

X

Après la prise de Fougères, comme après celle de Châteaubriant,
revient cette question : où était et que faisait l'armée bretonne?

Nous l'avons laissée le 22 mai 1488, c'est-à-dire après la prise
d'Ancenis, campée à Bain. Elle occupait aussi, à ce moment, la
forêt de Teillay [2], entre la paroisse de Rougé et celle d'Ercé en la
Mée. Quelques jours après, elle reculait vers l'Ouest, sans doute
afin de mettre entre elle et l'armée française le cours de la Vilaine :
l'archevêque de Bordeaux et le s^r de Morvilliers, envoyés par le roi
de France vers le duc de Bretagne pour négocier une trève, écri-
vaient de Nantes à La Trémoille le 25 mai : « Nous ne vous escri-
» vons rien de ce pour quoy suimes icy venuz, pourceque l'on n'y
» peut assoir conclusion sans avoir ouy les avis de MM. d'Orléans
» et de Dunoys, devers lesquelz ilz envoient aujourd'hui à *Lohiac*
» (Lohéac), *où est l'armée du Duc* [3].

La trève — on l'a vu — fut conclue le 1er juin pour durer jusqu'au 15 ; elle dut opérer la dispersion presque totale de l'armée
bretonne ; milices paroissiales et milices féodales, francs-archers et
tenanciers nobles, retenus sous les armes depuis près de deux mois,

[1] C'est le mot d'Alain Bouchart, le seul chroniqueur qui parle des conditions de
la capitulation de Fougères.

[2] Le 22 mai 1488, ordre du conseil des bourgeois de Rennes aux miseurs de cette
ville de « paier et bailler 10 s. monnoie à Henri de Trelan, quel envoyons presentement
« (disent les bourgeois) à *Bain* et à *Teillay pour savoir des nouvelles de l'ost* et des
« courses des Francezoys. » (Arch. de Rennes, Annexes aux comptes des miseurs).

[3] *Corresp. de Charles VIII*, n° 96, p. 113. C'est à cette retraite des Bretons derrière la Vilaine que Graville fait allusion, quand il dit à La Trémoille le 31 mai :
« En tant que touche vos roisins quilz sont de la l'eaue, ilz ont fait que sage de
mectre la rivière entre vous et eulx, car c'est le plus seeur » (n° 106, p. 122).

durent à l'envi profiter de ce petit *congé* pour aller revoir leurs chaumines et leurs manoirs. Le duc eut beau sonner la cloche du rappel, en fixant au 12 juin une « monstre » ou revue générale « des » nobles, ennobliz, tenans fiefs nobles et autres subjectz aux armes » » de son duché, et mesmes des francs-archiers et esleuz et des » bons-corps d'icelui. » Cette revue devait se faire sur quatre points assez rapprochés : Ploërmel, Josselin, Malestroit et la Trinité-Porhoët. Les hommes d'armes et les miliciens des évéchés de Rennes, de Dol et de Saint-Malo furent convoqués dans la première de ces villes, ceux de Cornouaille et de Léon dans la seconde, dans la troisième Saint-Brieuc et Tréguier, Nantes et Vannes dans la dernière. Le duc leur prescrivait formellement de s'y présenter « montez et armez, entièrement garniz d'habillemens de guerre, » presls et deliberez de marcher en avant, pourveuz de vivres pour » un moys ou d'argent pour l'achat desdits vivres », s'engageant, s'il les retenait sous les armes au delà de ce terme, à les faire « poyer et souldoyer » comme les gens de guerre de ses ordonnances [1].

La trève ayant été prolongée jusqu'à la fin de juin, toutes ces sommations firent peu d'effet, il y eut à ces montres bien des manquants. Aussi, le 20 juin, Charles VIII écrivait à La Trémoille : « On dit que les Bretons font leur assemblée à Redon » et à Montfort ; nous croyons qu'ilz ne feront riens davantage que » ce qu'ilz ont accoustumé cy devant : toutesfoiz enquérez-vous » tousjours de leur *commune* pour y resister » (n° 130, p. 146). La *commune*, c'était la levée irrégulière des villes et des campagnes, et il est curieux de voir le roi de France s'en préoccuper plus que de l'armée ducale proprement dite, — sans doute parceque de celle-ci, à ce moment-là, il ne restait debout que les cadres.

Cependant, la paix ne venant pas comme on l'avait espéré, les mauvais desseins de la France contre la Bretagne s'accusant de plus

---

[1] Mandement ducal du 3 juin, inseré au Reg. de la Chancellerie de Bretagne de 1487-88, f. 191 r°. — Les gens de guerre des ordonnances du duc étaient les compagnies permanentes entretenues à ses frais. Ils furent convoqués à Montfort pour les montres du 12 juin.

en plus, on se secoua un peu ; nobles et francs-archers comprirent la nécessité de s'arracher de leurs foyers pour défendre leur pays. Tandis que les uns s'éparpillaient dans les garnisons, les autres se dirigeaient vers l'ost du duc. Celui-ci avait convoqué à Nantes les Etats de son duché pour leur exposer les nécessités de la chose publique : ils votèrent un nouvel impôt de guerre de 73 s. 6 d. par feu, recouvrable en deux termes, 1er septembre et 1er novembre prochains. Et comme il fallait de l'argent comptant, ils décrétèrent un emprunt forcé de 207,000 livres, réparti entre les neuf diocèses de Bretagne, exigible des nobles comme des roturiers, et dont le clergé devait immédiatement fournir le quart. Le duc promulgua ces décisions et il en régla l'exécution par deux ordonnances du 12 juillet 1488, longuement motivées, presque en mêmes termes. Celle de l'emprunt forcé dit : « Comme.... soit ainsi que à

> present le Roy... ayt fait et face assembler plus grant nombre de
> gens de guerre que oncques mais, pour aller mectre le siége de-
> vant nostre place et ville de Foulgières ou ailleurs : lequel siége
> entendons... à l'ayde de Dieu et de noz bons parens, amys et
> alliez, et service de noz bons et loiaulx subjectz, lever, et com-
> batre nosdiz adversaires et les expulser et mectre hors nostre
> pays. Pour quoy faire ayons fait assembler et mectre sus nostre
> ost et armée qui à present est aux champs, et sont venuz à nostre
> secours et ayde pluseurs noz bons parens, amys et alliez, avec
> grant nombre de gens de guerre des pays subjectz à nosdiz
> alliez : pour la soulde et entretenement de tout quoy soyt très
> necessairement requis avoir presentement grandes sommes de
> finance... » etc. [1].

L'armée que le duc rassemblait ayant pour objectif la levée du siége de Fougères, sa base d'opération et son principal lieu de réunion fut nécessairement Rennes.

Quant aux gens de guerre envoyés au secours du duc par ses amis et alliés, ce sont les auxiliaires étrangers qui figuraient dans l'armée bretonne. Il est bon de déterminer combien et qui ils

---

[1] Reg. de la Chanc. de Bret. de 1487-88, f. 221 r°. L'ordonnance ou mandement du fouage de 73 s. 6 d. est au même registre, f° 219 v°.

étaient, d'autant que, sur ce point encore, la *Correspondance de Charles VIII* fournit de curieux renseignements.

XI

Il y avait d'abord les 1.500 lansquenets allemands envoyés dès le mois de juillet 1487 par Maximilien d'Autriche, roi des Romains[1], sous les ordres de Baudouin, bâtard de Bourgogne. Depuis un an qu'ils guerroyaient en Bretagne, ils étaient réduits de près d'un tiers. Le duc en avait quelques-uns près de sa personne; dans l'armée de Rennes, selon Alain Bouchart, ils n'étaient pas plus de 800.

Le secours amené d'Espagne par le sire d'Albret était plus nombreux. Un curieux type ce d'Albret, toujours mécontent et guerroyant avec une petite armée de Gascons et de Basco-Navarrais, au moyen de laquelle il prétendait échanger son petit domaine, ses landes grillées de Gascogne, contre le beau duché de Bretagne. Dès le mois de mai 1487, il s'était mis en marche pour venir joindre en Bretagne les autres mécontents de France, mais assiégé dans Nontron (30 mai 1487) par le lieutenant du gouverneur de Guienne[2], il fut forcé de congédier sa troupe, de jurer fidélité au roi et de rentrer chez lui. Il y resta quelques mois sans bouger. En novembre et décembre, les mécontents français lui dépêchèrent de Bretagne message sur message pour lui promettre — s'il amenait à leurs secours une bonne troupe — la main de l'héritière de Bretagne. Elle avait moins d'onze ans, lui près de cinquante ; il était veuf, ventru, couperosé, chargé d'enfants. Il mordit de suite à cet appas. En janvier 1488, il se mit de nouveau en marche vers la Loire, les troupes royales de nouveau lui barrèrent le passage ; cette fois il leur échappa, mais fut obligé de rebrousser chemin.

[1] V. *Choix de documents sur le règne de la duchesse Anne*, n° LXIII, dans le *Bulletin de la Société Archéologique d'Ille-et-Vilaine*, t. VI, p. 356.

[2] Voir à ce sujet les lettres du roi Charles VIII publiées par M. Marchegay dans la *Revue des Provinces de l'Ouest*, 1re année (1853-54), 2e partie, p. 188-197, et spécialement p. 190 et 195. Ces lettres prouvent que la capitulation de d'Albret à Nontron eut lieu du 31 mai au 5 juin 1487. Ja ignore la place pendant le siège de Nantes, qui ne commença que le 19 juin (Godefroy, *Hist. de Charles VIII*, éd. 1684, p. 36-37) ; il se trompe donc d'une vingtaine de jours.

Au mois de mars, il se jeta dans la Navarre, où il reût sa petite armée, puis alla solliciter le roi de Castille d'envoyer aussi des troupes au duc de Bretagne [1]. Il eut quelque peine à l'y décider; le 12 avril 1488, Charles VIII écrivit à La Trémoille : « Le roy » de Castille a respondu au s^r d'Albret, qui estoit allé devers lui » pour lui demander des gens, qu'il ne prendra point picques à » nous pour lui ni pour ses aliez » (n° 41, p. 45). Sauf cela, il était prêt à partir pour la Bretagne avec ses propres troupes; Graville crut devoir en prévenir, le 16 avril, le général français : « Tenez- » vous tout sûr que, du premier vent d'aval, vous aurez Monsr » d'Albret sans nulle faulte » (n° 46, p. 49.) Le vent d'aval tarda de souffler, d'Albret eut le temps de décider le roi de Castille à envoyer un secours au duc de Bretagne : le bruit courait en France, le 29 avril, que c'était un corps de mille hommes, déjà débarqué (n° 62, p. 72). Sur ce dernier point on se trompait : d'Albret, peu avant le 15 mai, était encore à Saint-Sébastien (n° 82, p. 99). Il prit la mer et arriva en Bretagne quelques jours après. Le 21 mai, le duc de Bretagne donnait « commission pour faire envoier des vivres » au seigneur d'Albret la part où il est » [2], — et l'archevêque de Bordeaux, qui était à Nantes pour conclure la trêve, écrivait, le 25 mai, à La Trémoille : « L'on dit icy pour vray que Monsr d'Al- » bret est à Quimper-Corentin » (n° 96, p. 113).

Selon Bouchart, il amenait avec lui un secours de 4 000 hommes ; les lettres de rémission, données par le roi de France à d'Albret en 1491, réduisent, sur le témoignage de ce dernier, ce chiffre à 3,000, qui est le bon. Dans ce nombre figuraient les mille hommes du roi de Castille, commandés par messire Moseu Gralla, grand-maître d'hôtel de ce prince [3]. D'Albret possédait en outre une compagnie de cent lances — c'est-à-dire 600 hommes, —

---

[1] Lettres de rémission pour le sire d'Albret, du mois de mars 1491 (Archives Nationales).

[2] Reg. de la Chanc. de Bret. de 1487-88, f. 183 r°. — Jaligny dit que d'Albret s'embarqua « vers Fontarabie », mais il le fait venir en Bretagne en février 1488, c'est-à-dire trois mois trop tôt. V. Godefroy, *Hist. de Charles VIII*, édit. 1684, p. 45-46.

[3] D'Argentré, *Hist. de Bret*, édit. 1618, livre XIII, ch. 45.

commandée par deux lieutenants, Saint-Cirq et Forçays, et qui servait dans l'armée française : dès que son capitaine fut en Bretagne, cette compagnie presque entière et ses deux lieutenants vinrent le rejoindre, passant comme lui au service du duc [1]. On peut donc estimer à 3,500 hommes le renfort fourni par d'Albret à l'armée bretonne.

Enfin, cette armée comprenait un corps d'auxiliaires anglais, dont il reste à dire un mot.

L'intérêt de l'Angleterre était si naturellement opposé à la conquête de la Bretagne par la France, que dès le commencement de cette guerre (avant juin 1487) le duc François II réclama avec confiance le secours du roi Henri VII. Mais ce prince, sortant d'une guerre civile dont les passions n'étaient point encore apaisées, avait goût au repos, et il aimait trop l'argent pour aimer la guerre. Il crut, ou du moins il voulut croire la Bretagne capable de résister à la France par ses propres forces ; il se laissa prendre volontairement à la feinte modération de Mme de Beaujeu ; au lieu de donner secours au duc, il offrit sa médiation, qui fut refusée. Le Parlement anglais ne pouvait être dupe, il décréta, le 9 novembre 1487, la guerre contre la France et vota des subsides par la faire. Le roi perçut les subsides et ajourna la guerre. Après la prise de Château-briant et d'Ancenis, François II lui ayant de nouveau représenté l'urgent besoin qu'il avait d'être secouru, Henri VII éconduisit les ambassadeurs bretons, et conclut même avec le roi de France une trêve qui devait durer du 24 juillet 1488 au 17 janvier 1490. Mais la nation réprouvait hautement la politique obtuse de son roi : rebutés par celui-ci, les ambassadeurs bretons s'adressèrent aux

[1] Dans les lettres de rémission de 1491, on lit : « Le roy de Castille, pour aider et favoriser nostre cousin d'Elbret en icelui mariage (son mariage prétendu avec Anne de Bretagne), envoya avec luy ung nombre de gens de guerre oudit pays de Bretaigne au secours du feu duc Françoys, et passa icelui d'Elbret par mer à tout troys mil hommes de guerre ou environ. Et lui arrivé ésditz pays de Bretaigne, en intencion et esperance dudit mariage,... icelui d'Ebret fit tant que les cent lances dont il avoit en charge de par nous, habandonnèrent nostre service et prindrent le party du duc Françoys. » — Jaligny se trompe donc (p. 46), en portant à 50 hommes d'armes seulement la compagnie de d'Albret.

seigneurs anglais ; l'un des plus considérables, sir Edouard de Woodville [1], comte de Scales, gouverneur de l'île de Wight et oncle de la reine, répondit de suite à cet appel. Malgré les défenses de Henri VII, il vint, avec un corps de bonnes troupes débarquer à Saint-Malo, dans le même temps que d'Albret à Quimper, c'est-à-dire du 20 au 25 mai 1488 [2].

Quel était le chiffre de ce secours ? Le roi Henri VII, en écrivant le 27 mai à Charles VIII pour désavouer cette entreprise, met ce chiffre, par politique, au plus bas, c'est à-dire à 400 hommes. Celui de 700, donné par divers chroniqueurs, entre autres par Jaligny est préférable : la *Correspondance de Charles VIII* le prouve. On y trouve une lettre du 31 mai, où Graville raconte à La Trémoille que le corps de Scales étant allé de Saint-Malo prendre gîte à Dinan, le vicomte d'Aunay, capitaine de la garnison française de Dol, lui dressa, le 29 mai, une embuscade. Il alla avant jour se cacher à quelque distance de Dinan avec 120 chevaux, puis en envoya 30 autres courir jusqu'aux portes de la ville. Les Anglais, sortant sur eux en grand nombre et se débandant à leur poursuite, tombèrent en plein dans le traquenard, si bien tendu que les Français en auraient fait prisonniers 114 et coulé plus de 240 pour morts sur la place [3]. Tel est le récit du vicomte d'Aunay, reproduit par Graville. Il sent un peu l'exagération ; mettons qu'il soit resté là seulement 200 Anglais : comme, au rapport de Bouchart et des autres chroniqueurs contemporains, Scales en avait encore 300 au moins avec lui à la bataille de Saint-Aubin du Cormier, il faut bien qu'il en ait eu plus de 400 quand il débarqua à Saint-Malo, ce qui tend à confirmer le chiffre donné par Jaligny.

[1] La copie de la lettre de Henri VII à Charles VIII en date du 27 mai 1488, porte « Wideville » (*Corresp. de Charles VIII*, n° 213, p. 238) ; mais Bacon dans son *Hist. de Henri VII* suit l'autre orthographe, qui est préférable. (V. D. Morice, *Hist. de Bret.*, II, p. 177.) C'est de cette double source que nous tirons le récit de cette affaire.

[2] Le 25 mai, l'archevêque de Bordeaux écrit de Nantes à La Trémoille : « Des nouvelles de ce quartier, l'on dit icy pour vray que M. d'Albret est à Quimper-corentin et M. de Squales à Saint-Malo. » (*Corresp. de Charles VIII*, n° 96, p. 113.)

[3] *Ibid.*, N° 106, p. 122.

Huit jours après cette mésaventure (le 5 juin), les Anglais en furent dédommagés par la cordiale et plantureuse réception que leur fit la ville de Rennes. Deux « buces [1] » de vin claret furent « effoncées » en leur honneur dans la rue Hante, deux pipes de vin blanc au placis du Bout de Cohue. Là les soldats anglais, que l'on promenait triomphalement par les rues, s'arrêtèrent, burent et mangèrent, pendant qu'une troupe de musiciens leur sonnait des aubades et qu'un « jeune garçon » les amusait de ses tours de souplesse. Puis, dans le logis ducal de la Garderobe [2], un grand banquet fut offert par la ville de Rennes à Scales et à tous les chefs anglais. On y mangea, entre autres choses, un veau et demi, deux moutons et demi, trois chevreaux, deux lièvres, vingt-huit lapereaux, huit oisons, trente-six poulets, vingt-huit pigeons, etc. On y but une pipe de vin blanc, une pipe de vin claret, sept *estamaux* d'hypocras [3]. Une telle réception était bien faite pour allécher les estomacs britanniques et amener des recrues au comte de Scales, mais Henri VII s'y opposa si fort qu'il ne lui en vint aucune.

L'armée qui soutint la cause bretonne à Saint-Aubin du Cormier comptait — d'après Bouchart [4], contemporain et témoin, — 8,000 hommes de pied, 400 hommes d'armes ou autrement 400 lances fournies, ce qui donnait 2,400 combattants ; 800 Allemands, 300 Anglais : somme 11,500 ; et en outre, « ung bon nombre d'artillerie ». Si l'on ajoute aux Allemands et aux Anglais les 1,000 Espagnols du roi de Castille, les 2,500 Gascons et Navarrais de d'Albret, on voit que dans cette armée l'élément national comptait pour environ 7,000 hommes, l'élément étranger pour 4,600. Ce

---

[1] Barriques. La pipe contenait 2 buces.

[2] Il occupait à peu près l'emplacement que couvre aujourd'hui, rue Saint-Yves, l'hôtel de M. le comte de Palys.

[3] L'estamal tenait 1 pot 1/2. La dépense totale de cette réception fut de 239 livres (environ 7,000 fr. aujourd'hui), dont 135 livres (environ 4,000 fr.) pour le banquet. — *Arch. de Rennes*, liasse 41, « Les mises pour la venue de M. de Scales. »

[4] Là où d'Argentré et Bouchart s'accordent, je cite toujours ce dernier de préférence, parce qu'il était contemporain bien placé pour connaître les événements et que d'Argentré ne fait, en ce cas là, que reproduire son témoignage, qui seul est original.

dernier y était donc moins fort qu'on ne l'a dit, moins fort
même que dans l'armée de Charles VIII, où, selon les historiens de
la Suisse [1], il y avait 8,000 Suisses sur 15,000 hommes.

XII

L'armée française avait sur celle de Bretagne un avantage
plus précieux que la supériorité du nombre, je veux dire la
cohésion, la discipline, et surtout l'unité du commandement. Dans
le camp breton il y avait deux influences, deux directions trop
souvent en lutte : le maréchal de Rieux, le duc d'Orléans. La
venue de d'Albret, ses prétentions à la main d'Anne de Bretagne,
aigrirent encore cette rivalité. Le maréchal appuyait d'Albret; le
duc d'Orléans, qui peut-être songeait à la princesse pour lui-même,
soutenait ostensiblement la candidature matrimoniale de Maximilien, roi des Romains, de concert avec le prince d'Orange, neveu
du duc François II. Ces divisions éclataient parfois si vivement que
Charles VIII disait le 15 juillet : « L'on nous a escript de plusieurs
» lieux que les Bretons ne peuvent faire assemblée de gens et
» qu'ilz sont en grant division et très mal prestz d'assiéger ne de
» combattre » (nᵒ 159, p. 178).

Il y avait bien dans ces renseignements un peu d'exagération ; ces
divisions trop réelles n'avaient pas produit tous leurs effets. La concentration de l'armée bretonne s'opérait à Rennes d'une façon assez
satisfaisante, et le jour même où le roi traçait ces lignes, une division de cette armée, probablement sous les ordres du duc d'Orléans, enlevait aux Français le château de Combour, poste avancé
de Dol, et menaçait cette dernière ville, que la garnison française
évacua de suite, en toute hâte, sans prendre le temps de brûler ni
même de désemparer la place, comme le roi l'avait prescrit (V. *Corresp. de Charles VIII*, nᵒˢ 162 et 163, p. 182, 183, 184).

Le duc d'Orléans alla jusqu'à Dinan [2], où le maréchal de Rieux

[1] V. Jean de Muller, t. V, chap. III, p. 78, et Zurlauben, *Histoire militaire des
Suisses au service de la France*, t. IV, p. 61.

[2] Alain Bouchart.

était aussi le 20 juillet [1], apparemment pour rallier des troupes de Basse-Bretagne. La levée du siége de Fougères étant le but essentiel de l'armée bretonne, on s'étonnerait de voir ses chefs tourner le dos, pour ainsi dire, à leur objectif en un pareil moment, si l'on ne savait leur confiance, beaucoup trop grande, dans la force de cette place et dans la durée de sa résistance. On prenait tout son temps pour se préparer, afin de la mieux secourir.

Cependant on se décida à s'en rapprocher. Le 23 juillet, les divers corps de l'armée bretonne campaient sur les trois paroisses d'Aubigné, du petit Saint-Aubin (aujourd'hui Saint-Aubin d'Aubigné) et d'Andouillé. S'ils prenaient un tel détour au lieu de suivre la route directe de Rennes à Fougères, c'est que cette route leur était fermée par la place de Saint-Aubin du Cormier, alors aux mains des Français [2]. Enfin, ce qui semble incroyable et ce qui est certain, attesté par tous les documents contemporains, c'est que la prise de Fougères, qui avait eu lieu le 19 juillet, resta jusqu'au 26 ignorée de l'armée bretonne, campée à huit lieues de cette place. On la sut à Paris deux jours plus tôt. Pour expliquer ce fait étrange [3], il faut admettre que La Trémoille, après avoir pris la ville, en prolongea le blocus pendant huit jours, espérant sans doute avoir plus facilement raison des Bretons, s'ils arrivaient pour faire lever le siége quand il était déjà maître de la place.

La montre ou revue générale de l'armée bretonne eut lieu à Andouillé le 24 juillet. C'est là aussi qu'il convient de placer, plutôt

[1] « Ensint aucunes mises faictes par Laurens Pares, l'un des miseurs de Rennes. — Le 20⁰ jour de juillet, l'an 1488, à Patry Lefebvre, pour porter des lectres de ceste ville à Mons' le mareschal qui estoit à Dinan, 20 s. » (Arch. de Rennes, Annexes des comptes des miseurs).

[2] Le *Dictionnaire de Bretagne* d'Ogée, nouv. édit., à l'article *Saint-Aubin du Cormier*, prétend qu'il n'existait pas alors de route directe de Rennes à Fougères par Saint-Aubin; c'est une erreur complète. On trouve même cette route mentionnée dans des actes du XI⁰ siècle sous le nom de grand chemin Rennais, *publica via Redonense*.

[3] Ce fait si curieux avait échappé jusqu'à présent à *tous* les historiens, parce qu'on ignorait la date précise de la reddition de Fougères, que nous avons fixée ci-dessus, n. 4⁰.

qu'à Rennes, la délibération sur le plan de campagne rapportée
par d'Argentré [1], qui en parle d'ailleurs sans citer aucune autorité et d'après une tradition un peu incertaine. Le maréchal de
Rieux se serait opposé à ce qu'on livrât aux Français une bataille
rangée, qui perdue pouvait tout perdre ; il voulait qu'on se bornât
à harceler l'ennemi, à le fatiguer et l'attaquer partout en détail
de façon à entraver sa marche, mais en se refusant toujours à une
action générale. Les autres chefs, plus jeunes, plus ardents et moins
expérimentés, opinèrent pour une bataille, disant qu'on devait tout
risquer pour sauver Fougères. Cet avis l'emporta.

Pendant ce temps, La Trémoille, qui tenait Fougères, faisait part
au roi du plan de campagne concerté entre lui et les capitaines de
son armée. Il n'avait « que de trois places l'une à prendre par siége,
assavoir, Rennes, Dinan et Saint-Malo ; il trouvoit Dinan le plus
aisé des trois, pour le fournissement des vivres qui pouvoient venir
de Normandie par Dol. » Il ajoutait « que la *puissance*, c'est-à-dire
l'armée des Bretons, était au petit Saint-Aubin et à Aubigné, sur le
chemin de Fougères à Dinan, et que tous ses capitaines étoient
d'avis d'aller voir comme ils étoient fortifiés, étant sûrs qu'on
leur feroit tout au moins laisser leur *logis* honteusement [2]. »

Ainsi, l'heure décisive approchait, de part et d'autre on brûlait
d'en venir aux mains. Mais le champ de bataille ne devait pas être
celui qu'avait choisi La Trémoille.

XIII

Du 23 au 26 juillet 1488, l'armée bretonne demeura campée à
Andouillé, Aubigné et Saint-Aubin d'Aubigné. Le 26, elle allait reprendre sa marche vers Fougères, quand les défenseurs survivants
de cette place, relâchés en vertu de la capitulation du 19, arrivèrent
à Andouillé : l'armée sut ainsi la prise de la ville qu'elle se préparait

---

[1] *Hist. de Bret.*, l. xiii, chap. 43.

[2] V. *Corresp. de Charles VIII*, n° 172, p. 192. Nous résumons, en nous servant des
termes mêmes de la lettre.

à secourir [1]. Il fallut changer de plan et d'objectif : on résolut d'aller assiéger Saint-Aubin du Cormier. L'idée était bonne, même pour arriver à reprendre Fougères : car les Bretons ne pouvaient faire ce siége ayant à dos Saint-Aubin occupé par les Français, qui eût coupé leurs communications avec Rennes. Que s'ils se bornaient à reprendre Saint-Aubin, cette place leur serait encore très-utile pour tenir en bride Fougères. Quant aux chefs bretons qui désiraient une bataille (c'était la majorité), ils voyaient dans cette entreprise le moyen le plus sûr d'amener une rencontre, l'armée française ne pouvant, à cinq lieues d'elle, laisser assiéger une place sans la secourir.

Dès le 26, l'armée bretonne se mit en marche vers Saint-Aubin. La nécessité de suivre une route commode l'obligea de s'élever au Nord jusqu'à Vieuxvy, elle campa près de ce bourg, autour du village d'Orange [2] sur un mamelon très-avantageux pour la défense. A peine en ce lieu, les chefs bretons ayant eu, par leurs informations, la certitude que l'armée française les attaquerait, se couvrirent de retranchements dont on voit encore les restes. Le lendemain (dimanche 27 juillet) nombre de soldats et de chefs communièrent, et l'état-major régla l'ordre de bataille. A ce moment, la faction opposée au duc d'Orléans sema le bruit « que les chevaliers et princes fran-
» çoys, qui en l'armée de Bretaigne estoient, avoyent entendement
» aux chefs de l'armée de France, et que Bretons estoient ven-
» dus [3]. » Plus ce bruit était absurde, plus il trouva faveur dans la foule, en un clin d'œil cela fit une émeute, et l'on pouvait déjà craindre une débandade, quand le duc d'Orléans et le prince d'Orange déclarèrent qu'ils combattraient à pied dans les rangs des lansquenets allemands. Par là ils détruisaient tout soupçon, mais

---

[1] Alain Bouchart, édit. de 1532, f. 208.

[2] Quoique Bouchart nomme formellement le « village d'Orange » et d'Argentré le « bourg d'Orange » comme le lieu où campa l'armée bretonne, M. Maupillé croit que ce fut un peu plus au Nord, « dans l'arc formé par un détour du Couësnon, » vis-à-vis de l'endroit où il reçoit la rivière de Minette, et là où se trouve le moulin » du Gué-Main. » Il y a là une position très-forte et des vestiges de retranchements fort importants. — On peut très-bien admettre qu'une partie de l'armée bretonne occupa le Gué-Main, l'état-major et le quartier général étant au manoir d'Orange.

[3] Alain Bouchart, f. 208 v°.

ils s'excluaient de tout commandement. Le but de leurs ennemis était atteint.

Selon l'usage immémorial du moyen âge, l'armée fut partagée en trois divisions — avant-garde, corps de bataille, arrière-garde, — qui eurent pour chefs, la première le maréchal de Rieux, la seconde le sire d'Albret, la dernière le baron de Châteaubriant. Il est plus difficile de déterminer la composition de chacune de ces divisions. Suivant Bouchart, la principale force de l'avant-garde consistait en « quelque bon nombre de gens d'armes », ce qui désigne évidemment les 400 lances ou hommes d'armes, élite du contingent breton. D'Argentré, en racontant la bataille de Saint-Aubin, rapporte, d'après un récit contemporain, que « *à l'aborder* », c'est-à-dire au premier choc des deux armées, furent tués, entre autres, le comte de Scales, chef du secours anglais, et un vaillant chevalier de même nation, appelé Claude de Montfort. C'est l'avant-garde, nous le verrons, qui reçut le premier effort de ce choc : le corps auxiliaire anglais en faisait donc partie. Il n'était que de 300 hommes ; mais les Bretons avaient tant vanté ce secours, et le renom des archers anglais était tel, qu'on jugea utile de grossir fictivement cette petite troupe, en lui adjoignant « 1700 Bretons, gens de pied, » vestuz de hocquetons à croix rouges ; et par ce moyen, ajoute » Bouchart, sembloit qu'il y avoit 2,000 Anglois. » La croix rouge était le signe national des Anglais, comme la croix noire celui des Bretons, la blanche celui des Français. — Les 400 lances faisant 2,400 combattants, l'avant-garde aurait compté environ 4,400 hommes.

« En la bataille [1], dit Bouchart, estoit le seigneur d'Albret et les » gens de pied. » D'Albret garda évidemment sous ses ordres, le corps qu'il avait amené d'Espagne et les gens d'armes de sa compagnie, soit ensemble, comme on l'a vu [2], environ 3,500 hommes. Il résulte aussi du double récit de Bouchart et de d'Argentré que le secours allemand, fort de 800 hommes, faisait partie du corps de bataille. Dans l'usage constant du moyen âge, cette division

[1] *Bataille* signifie ici le corps de bataille, le centre.
[2] Ci-dessus, p. 46.

qui formait le centre, et que l'on appelait par excellence *la ba-taille,* était la plus forte : on la compléta au moyen d'une troupe de gens de pied bretons, bons-corps ou francs-archers, dont il semble que le prince d'Orange eut le commandement [1]. Le corps de bataille devait ainsi atteindre et même probablement dépasser le chiffre de 5,000 hommes.

L'armée bretonne comptant au plus 12,000 combattants [2], l'arrière-garde n'en pouvait guère avoir plus de 2,000, cavalerie pour la plupart, car Bouchart dit : « Fut le seigneur de Chasteaubriant » ordonné à la conduicte de l'arrière-garde, pour se tenir sur le » derrière avecques ung nombre de gens de cheval pour secourir » où mestier seroit. » Cette arrière-garde constituait donc, à proprement parler, le corps de réserve.

Les Bretons n'ayant pas vu paraître les Français le 27 juillet, quittèrent, le lendemain matin, la position d'Orange pour se rapprocher de Saint-Aubin du Cormier en suivant nécessairement la route qui, de Vieuxvy et de Sens, allait vers cette place. Les dispositions arrêtées la veille furent observées dans la marche, les chefs maintinrent leurs hommes en colonnes serrées, et venues dans les grandes landes qui bordent la forêt de Haute-Sève, leurs troupes se déployèrent en ordre de bataille, prêtes à recevoir le choc des Français.

Ceux-ci ne paraissaient point encore, pourtant ils n'étaient pas loin.

XIV

Nous avons ici un bel exemple de l'incertitude et de la confusion amassée comme à plaisir sur cette histoire. — Dans une dissertation fort travaillée [3] on a soutenu que, pour aller de Fougères secourir Saint-Aubin du Cormier, La Trémoille, au lieu de suivre la route directe, avait d'abord fait une pointe vers l'Ouest jusqu'à

[1] Voir ci-dessous le récit de la bataille d'après d'Argentré.

[2] On n'en compta que 11.300, outre l'artillerie, à la montre générale du 24 juillet; mais on doit estimer au moins à 500 hommes les débris de la garnison de Fougères, qui vinrent, le 26 juillet, rejoindre l'armée bretonne.

[3] Elle est de M. Marteville, qui l'a insérée dans le *Dictionnaire de Bretagne* d'Ogée, nouvelle édition, à l'article *Saint-Aubin du Cormier.*

Saint-Ouen des Alleux, puis était de là descendu au Sud en
passant par Mézières, et s'était laissé devancer sur le chemin de
Saint-Aubin par les Bretons : si bien que, quand il les avait
rejoints dans les landes qui avoisinent la forêt de la Haute-Sève,
ceux-ci, se retournant pour le combattre, faisaient face au Nord,
pendant que l'armée française regardait le Midi. Ce système invraisemblable est laborieusement échafaudé sur quelques bouts
de textes d'une autorité ou d'une signification douteuse. Pour ruiner
cet échafaudage et rétablir le fondement de la vérité, il suffit de
citer un document inédit que nous avons eu la chance de découvrir
récemment, et dont l'autorité est incontestable : une lettre de
Charles VIII au Parlement de Paris, écrite le lendemain de la
bataille de Saint-Aubin (le 29 juillet) au moment où le roi venait
de recevoir, par trois courriers [1], les détails les plus précis sur
cette journée. En voici le commencement :

« De par le Roy.

» Nos amez et feaulx, nous vous avons derrenièrement escript
comme noz gens avoient prins la ville de Fougères. Et depuis , les
Bretons et noz autres rebelles et dobéissans subgectz se sont
venuz parquer près dudit lieu de Fougères, où notre ost et armée
estoit, cuidant les venir encores trouver à leur siège. Et nous, doub-
tans que aucun inconvenient en peust advenir, y avons envoyé le
sire de Baudricourt, gouverneur de Bourgongne, et autres avecques
luy, pourceque en ung tel affaire il n'y pouvoit avoir trop de telz
gens. Et nosditz gens, estans là ensemble, ont sceu qu'ilz (les Bretons) se venoint mectre devant la place de St Aulbin, où il y a
aucuns de noz gens qui la tiennent pour nous. Et après ce que
nostre cousin de la Trimoille et le dit sr de Baudricourt et noz
autres cappitaines ont esté advertiz, sont allez avecques noz gens
gaingner premièrement leur logis en ladicte ville de St Aulbin, et
eulx arrivez là ont sceu que lesditz Bretons estoient aux champs à
une lieue près ladicte ville. Et tout incontinent ont serré leurs gens
ensemble et les sont allez charcher, et les ont trouvez à demye

____

[1] Voir, à ce sujet, dans la *Correspondance de Charles* VIII, la curieuse lettre du
roi du 30 juillet, n° 175, p. 195.

lieue de ladicte place, où, le jour de hier, ilz se sont très-bien entrebatuz. Mais, à l'aide de Dieu et de noz bons et loyaux subgectz
et serviteurs qui y estoient, la chose a été si bien et grandement
exécutée que le champ nous est resté...[1]»

Ainsi, les Français vinrent de Fougères à Saint-Aubin par la
route la plus directe, arrivèrent à Saint-Aubin avant les Bretons[2] et
y apprirent, *dès leur arrivée*[3], que l'armée bretonne, en marche
vers cette place, n'en était plus qu'à une lieue. *Aussitôt*[4] ils en
sortirent pour l'aller combattre.

Ces circonstances nous donnent le moyen de fixer approximati-
vement l'heure de la bataille, dont aucun document n'a parlé. Puisque l'armée française venant de Fougères ne s'arrêta pas à Saint-
Aubin et ne fit que traverser cette ville pour aller chercher l'armée
bretonne, elle avait dû partir de Fougères, non la veille, mais le
jour même de la bataille, le 28 au matin. Pour franchir cinq lieues
avec son artillerie et ses bagages il fallait à cette armée de
15,000 hommes au moins six heures ; elle ne put donc être à Saint-
Aubin que vers midi. Prendre langue, se renseigner sur la situation
de l'ennemi, se remettre en marche et arriver en présence, cela
emporte encore une à deux heures. On doit donc mettre le commencement de la bataille vers deux heures après midi. D'autre part, le
premier courrier qui en porta nouvelle au roi Charles VIII, lui
parvint le 29 juillet à huit heures du matin[5]; nul doute qu'on ne
l'eût fait partir aussitôt la victoire décidée; le trajet exigeant, nous
l'avons dit, environ quatorze heures, il avait dû se mettre en route

----

[1] Archives Nationales.

[2] L'présent auteur, l'historien latin de Louis XII, affirme que les Français livrèrent
bataille avant d'être arrivés à Saint-Aubin. « *Sanctum Albinum petentes*,» (Godefroy,
Hist. de Charles VIII, p. 272). Alain Bouchart dit : « Les Françoys estoient sortiz de
Fougères et marchoient bien deliberez de combattre toute l'armée de Bretagne : et
si ne marchoient pas en ordre de bataille, car pas si près ne les cuydoient. A ceste
cause tile à lile venoient, *pour cuider estre les premiers à arousseigneur Sainct Aubin.*»
(Édit. 1532, f. 208 v°). Ce dernier membre de phrase n'est pas très-clair, mais il
ne signifie pas que les Français ne reussirent point à gagner Saint-Aubin avant les
Bretons.

[3] « *Et cuider arrivée la ont scen...* »

[4] « *Et tout incontinent* ont serré leurs gens ensemble et les sont allez charcher. »

[5] *Corresp. de Charles VIII*, n° 175, p. 195.

ARMÉES·
Bretons B
François I
N
O   E
S
Landes de Mézières
Lande de la Renaudie
B
Croix de Pierre
BOIS
Étang d'Ouée
CHAMP DE BATAILLE
de
SAINT AUBIN DU CORMIER
Échelle de
St AUBIN DU CORMIER

le 28 vers six heures du soir. La bataille fut donc livrée de deux à
six. Voilà l'heure. Cherchons le lieu.

A une demi-lieue Nord-Ouest de Saint-Aubin s'étend une lande
vaste et plane, aujourd'hui encore dite lande de la Rencontre : nom
très-significatif, car dans Bouchart, dans les documents contemporains, cette bataille est d'ordinaire appelée la *rencontre* de Saint-
Aubin du Cormier.

La lande de la Rencontre, dans le cadastre actuel, est délimitée
à l'Est par le bois de la Chaîne [1], au Sud par le ruisseau qui tombe
à la queue de l'étang d'Ouée, à l'Ouest par le chemin de Mézières
à Gosné, au Nord par un coin de la forêt de Haute-Sève et par le
chemin qui va de cette forêt rejoindre la route départementale
n° 18 (de Vitré à Dol) [2] en passant devant la ferme de Moronval.
Autrefois, comme on le voit par les plans des forêts de Bretagne
dressés au siècle dernier [3], la lande de la Rencontre était bien plus
étendue ; elle comprenait de plus : 1° à l'Ouest, la lande d'Ouée ;
2° au Nord, la ferme de Moronval (afféagement mis en culture
au XVIII° siècle) et la lande dite aujourd'hui lande d'Usel, c'est-
à-dire tout le terrain borné au Sud par le chemin de Moronval dont on vient de parler, à l'Ouest par la forêt de Haute-Sève, à
l'Est par le bois d'Usel, au Nord par une ligne irrégulière partant
de la pointe Nord de ce bois pour aboutir à la pointe Nord-Est de
la forêt de Haute-Sève [4]. Cette ligne suit à peu de chose près le

[1] Pour suivre les indications topographiques que nous donnons ici, il suffit d'avoir
sous les yeux la feuille 76 de la carte de France de l'état-major (feuille de *Laval*.)
Toutefois on n'y trouve pas inscrit le nom du bois de la Chaîne, mais on y voit ce
bois lui-même, au sud de celui d'Usel et de la route de Saint-Aubin à Sens, qui sépare
ces deux bois.

[2] C'est la même route que j'appelle, dans la note précédente, route de Saint-Aubin
à Sens.

[3] Ces plans sont aux Archives départementales d'Ille-et-Vilaine ; ceux du bois
d'Usel, du bois de la Chaîne et de la forêt de Haute-Sève se trouvent dans l'atlas
de la maîtrise de Rennes. — C'est sur ces plans que nous avons dressé celui du
champ de bataille de Saint-Aubin, joint à cette étude.

[4] Mais, quoi qu'en dise le *Dictionnaire de Bretagne* d'Ogée, 2° édit. (t. II, p. 703,
col. 2.), jamais on n'a donné le nom de lande de la Rencontre aux terrains situés au
Nord de Haute-Sève, entre cette forêt et le bourg de Mézières. Il y a là la lande
de Mézières, la lande de la Grosse-Roche (voir les plans des forêts de Bretagne),
mais point de lande de la Rencontre.

faîte de cette échine rocheuse dite Sillon de Bretagne, qui fait le
partage des eaux dans cette contrée et, après avoir suivi de l'Ouest
à l'Est la limite Nord de Haute-Sève, s'incline au Sud pour porter
le donjon de Saint-Aubin, puis reprend sa direction première (vers
l'Est) au rocher de Bécherel [1].

C'est là même, sur ces hauteurs [2], appuyant sa gauche au bois
d'Usel, que devait se trouver le gros de l'armée bretonne quand les
Français, venant de Saint-Aubin, débouchèrent dans la lande, à la
hauteur du lieu de Moronval, par le chemin qui sépare le bois
d'Usel et celui de la Chaîne [3]. Moronval, s'il existait alors, n'était
qu'une chaumière perdue au milieu de la lande; on ne voyait là ni
les cultures ni les petits bouquets de bois dépendants de cette ferme
qui masquent aujourd'hui la pointe de Haute-Sève. Entre cette forêt
et le bois d'Usel, rien qu'une nappe de bruyère et quelques
roches grises montrant çà et là leurs têtes pelées. Dès que les
Français parurent dans la lande, les deux armées purent donc se
voir sans obstacle, malgré les 800 mètres qui les séparaient, malgré
un pli de terrain dont le fond est occupé par le microscopique

[1] Le Bécherel dont il s'agit ici est aujourd'hui un simple village à 1 kilomètre
Est de Saint-Aubin du Cormier ; dans ce village se trouvait l'église de Saint-Malo
de Bécherel, qui était avant la Révolution la paroisse de la ville et de tout le territoire de Saint-Aubin.

[2] Vers le point marqué 121 sur la carte de l'état-major. Ce point est à 3 kilomètres environ de Saint-Aubin du Cormier. Charles VIII dit que les Français trouvèrent
les Bretons à une demi-lieue de Saint-Aubin, mais il comptait les distances à la bonne
mesure, car dans une de ses lettres à La Trémoille il ne met aussi qu'une demi-lieue
entre Aubigné et Saint-Aubin d'Aubigné, qui sont à 4 kilom. l'un de l'autre. V.
Corresp. de Charles VIII, n° 172, p. 192.

[3] « Advint que le 28° de juillet an 1488, à ung ject d'arcq près de la Roche-Traolet,
le duc d'Orléans, le prince d'Orange, conducteurs de multitude de Suisses, et le seigneur de Scales avecq plusieurs Anglois, tous à pied, ensemble le seigneur d'Albrecht
et le seigneur de Rieux, descendoient d'ung pendant d'une montaigne pour joindre
aux Franchois, ordonnèrent leurs bataille et artillerie le mieulx que possible leur
fut. Les Franchois tenans St-Aubin préparèrent leurs armées et à toute diligence
assemblèrent leurs garnisons, qui mieulx mieulx, pour bouter aux Bretons, et partant
de St-Aubin, se tirèrent en une grand chemin. » *Chroniques de Jean Molinet*,
chap. 192, t. III, p. 305. — Jean de S.-Gelais, dans son *Histoire de Louis XII* (édit.
de 1622, p. 61), dit que les deux armées « s'entre-rencontrèrent » près de St-Aubin
« en pleine lande ». — Bouchart dit : « Fut lors le village d'Orenge joygnant une
bousche de boys, attendant l'armée des François. »

ruisseau de Riquelon, alors à sec, et qui, quand il coule, va se
perdre à l'Ouest sous les ombrages de Haute-Sève.

XV

A ce moment, les Bretons avaient sur leurs adversaires un avantage important, et qui pouvait devenir décisif. Grâce aux bonnes dispositions observées dans la marche, ils étaient formés en bataillons,
leurs bataillons en ordre de bataille, en un mot prêts à combattre dès
que parurent les Français. Ceux-ci, au contraire, qui ne croyaient
pas trouver l'ennemi si tôt, qui venaient de Saint-Aubin en hâte par
un chemin resserré entre deux bois[1], où la formation de leurs troupes aurait été longue et difficile, arrivaient dans la lande « *file à
file* », portent les chroniques, c'est-à-dire par groupes isolés et en
désordre, condamnés à se former et se mettre en bataille en vue
des Bretons. Si ceux-ci, dans l'ordre « beau et plaisant » où ils
étaient, se fussent portés rapidement contre l'ennemi, dispersant
les premiers arrivés, renversant les compagnies à mesure qu'elles
débouchaient dans la lande, ils auraient sans aucun doute détruit
une partie de l'armée française et obligé le reste à une retraite
fort humiliante pour la cause royale. C'était là la conviction des
contemporains, témoins et acteurs dans cette rencontre, même
chez les Français : un de leurs bons capitaines, Gabriel de Montfaucon, arrivé des premiers sur le terrain, dit à Alain Bouchart,
peu de temps après, « que si les Bretons en l'ordre qu'ilz tenoient
» eussent marché en avant, ilz eussent deffaict facillement l'armée
» du roy et du moins l'eussent mise en fuite, car les Françoys
» n'estoient lors assemblez, mais marchoient à la file et sans
» ordre[2]. »

Pour mettre à profit cette dernière chance, ouverte aux Bretons
de relever leur fortune, il fallait agir vivement ; mais le commandement était divisé, et au lieu d'agir on discuta. Le maréchal de
Rieux voulait attaquer incontinent ; le capitaine Montfort, ser-

[1] Le bois d'Usel et le bois de la Chaîne.
[2] Alain Bouchart, édit. de 1532 f. 209 r°.

viteur du prince d'Orange, l'appuyait ; d'autres s'y opposaient [1], d'autres hésitaient... et nul ne bougeait.

Pendant ce temps La Trémoille, qui n'avait à prendre avis de personne, rangeait ses troupes en toute hâte et improvisait son ordre de bataille. A la tête de son avant-garde, qui dut former sa droite dans l'action, il plaça un vieux routier, Adrien de l'Hospital. Il prit pour lui-même le centre, et Jacobo Galiota, capitaine napolitain des plus rusés et des plus braves, pour lieutenant. Il donna à Baudricourt l'arrière-garde formant réserve [2]. En même temps il se rapprochait de l'ennemi et faisait, à bonne distance, creuser une tranchée derrière laquelle il mit à la fois son canon et ses bagages [3], dont il couvrit sans doute son flanc gauche, son flanc droit s'appuyant au bois d'Usel. Puis le sire de Brissac [4], maître de l'artillerie royale, commanda le feu. Le lieutenant Jean Louys, chef de l'artillerie bretonne [5], en fit autant de son côté, et selon l'usage d'alors, l'action s'engagea à grand fracas par une décharge générale et réciproque de tous les canons des deux armées. D'ordinaire cette décharge, que l'on ne renouvelait pas aisément, faisait plus de bruit que de besogne. Ici il n'en fut pas

---

[1] D'Argentré attribue cette opposition au duc d'Orléans et au comte de Dunois, mais Bouchart ne nomme personne, et pour Dunois il y a erreur matérielle, car il n'était point à la bataille, il était près du roi de France, cherchant à renouer les négociations. — Cf. Bouchart, f. 203, r° et d'Argentré, éd. 1618, p. 973.

[2] V. d'Argentré, édit. 1618, p. 972. — L'historien latin de Louis XII et Jean Bouchet, panegyriste de La Trémoille, s'accordent à dire que ce dernier prit pour lieutenant Galiota ; voir Godefroy, *Hist. de Charles VIII*, pp. 211 et 272. — Le *Dictionn. de Bretagne* d'Ogée (nouv. édit.) appelle ce Napolitain *Galeotto*, à tort, car sa signature, publiée en fac-simile par M. le duc de la Trémoille (*Corresp. de Charles VIII*, n° 212, p. 236), est *Jacobo Galiota*.

[3] « *Impedimenta cum artilleria in propinquam, fossa repente ducta, collocat.* » *Hist. de Louis XII*, dans Godefroy, *Hist. de Charles VIII*, p. 272. — Notre plan indique la position respective des deux armées, au moment où celle du roi se forme en face des Bretons, en débouchant dans la lande.

[4] Molinet donne son nom en l'estropiant, il écrit *Brusacy*. (Chroniques de Jean Molinet, édit. 1828, t. III, p. 315.)

[5] V. Arch. de Rennes. Compte des miseurs, année 1488, f. 94 r°.

de même. Les chroniqueurs des deux partis s'accordent à dire que l'artillerie causa de grands ravages des deux côtés [1].

Après cette première décharge, l'armée française marcha vers l'armée bretonne. A ce moment, autant qu'on peut la déterminer, voici la disposition de celle-ci. Elle était toujours dans la partie supérieure de la lande de la Rencontre, sa gauche formée par son avant-garde s'appuyant à la pointe nord du bois d'Usel, le corps de bataille à droite déployé sur la lande dans la direction de Haute-Sève, couvrant son flanc droit du « charroi de l'artillerie » et des bagages [2]. La cavalerie était par détachements sur les ailes, de façon à se porter où besoin serait [3]. L'arrière-garde formant réserve, réduite ainsi à peu de monde, comptait moins de combattants que de vivandiers, de valets et autres suivants d'armée.

Voyant les Français marcher vers eux, les Bretons leur épargnèrent une partie du chemin ; leur avant-garde s'avança en « pointe » [4], c'est-à-dire qu'au lieu de rester sur la même ligne que le corps de bataille, elle fit un mouvement qui la rapprocha davantage de l'ennemi. C'est contre elle que les Français dirigèrent tout l'effort de leur attaque [5]; elle reçut vaillamment ce choc. Une troupe bretonne, s'élançant du bois d'Usel où elle s'était cachée, se jeta à l'improviste

[1] « Cependant se assemblèrent les gens de l'armée du Roy et firent marcher leur artillerie, dont les Bretons leur donnèrent bon loisir : si approchèrent de l'armée, et d'une part et d'autre tiroient l'artillerie, qui grandement endommageoit les deux armées ». (Bouchart éd. 1532, f. 209 r°). — « *Antequam congressæ acies, a tergo fulminales illæ machinæ ingentem ultro citroque hominum cladem dabant.* » *Hist. lat. de Louis XII,* dans Godefroy, *Hist. de Ch,* VIII, p. 273, L'historien de La Trémoille dit la même chose, *ibid.,* p. 211.

[2] « Sur l'une des aelles fut ordonné le charroy de leur artillerie et de leurs bagages. » (Bouchart, édit. 1532, f. 208 v°). Le charroi de l'artillerie, c'étaient les chariots sur lesquels on transportait les pièces d'artillerie, qui pour la plupart n'avaient point d'affûts roulants. — « Sur les costés on rangea les chariots et le bagage, pour couvrir quelque partie des gens de pied. » (D'Argentré, édit. 1618, p. 972.)

[3] « La cavalerie des Bretons, qui estoit sur les aisles... » D'Argentré, p. 973.

[4] D'Argentré (p. 972) et Bouchart (f. 209 r°) parlent tous deux de « la poincte de l'avant-garde de Bretaigne. »

[5] « Si marchèrent les Françoys à puissance et donnèrent à travers l'advangarde ». — Bouchart, f. 209 r°.

sur le flanc droit des Français [1]. En même temps, le corps de
bataille s'avançant les chargeait par la gauche. La mêlée fut
très-rude, les Bretons criaient : Saint Samson ! saint Samson! car
c'était la fête de ce grand évêque de Dol, l'un des patrons de la
Bretagne. Les Suisses, plus nombreux que les Français dans l'armée
du roi, répondaient : Saint Lau ! saint Lau [2] ! Le corps anglais fut
de la plus grande bravoure, il perdit là deux de ses chefs, Claude
de Montfort et Scales. Enfin l'avant-garde bretonne, où le maréchal
de Rieux « soutint le faix très-vertueusement » fit un suprême
effort, et l'ennemi recula de plus de cent pas [3]. Beau début.

Malheureusement, dans le mouvement opéré par le corps
de bataille breton pour soutenir l'avant-garde, il s'était produit une fausse manœuvre. L'artillerie française continuait de
tirer quelques coups de canon; le corps auxiliaire allemand, en
exécutant le mouvement prescrit, reçut quelques boulets; pour le
soustraire à cet ennui, son chef, le capitaine Blair, au lieu de se
maintenir sur la même ligne que le reste du corps de bataille,
accéléra sa marche et fit descendre sa troupe dans le pli de terrain
où naît le ruisseau de Riquelon et où elle fut à l'abri, les boulets
portant plus haut. Mais en même temps, par ce mouvement irrégu-
lier de Blair, la ligne de bataille des Bretons se trouva brisée,
« ployée comme en croissant », dit d'Argentré, sans cohésion et
sans profondeur à l'endroit de ce pli, dès lors facile à percer.

Dans le temps même où les Français se voyaient si rudement
repoussés, Galiota reconnut ce point faible de l'armée bretonne,
et montrant à La Trémoille l'infanterie allemande placée de biais

---

[1] « Ung chief yssit hors d'un bois, qui se laucha en l'ost des Francheis. » *Chron.*
de J. Molinet, t. III, p. 396.

[2] « A l'abordement des batailles, les Bretons crioient : Saint Sanson ! et les Suisses
du parti du roy ; Saint Lautros ! » J. Molinet, *ibid.* — C'est le nom un peu estropié
de saint Lau d'Angers, tant honoré des rois de France depuis Louis XI.

[3] « A l'approcher, la bataille de Bretaigne marcha et enfonça furieusement celle
des François, et la poincte de l'avant-garde de Bretaigne donna aussi si roidement
dedans, qu'elle fist reculer les François plus de cent ou six vingts pas. » D'Argentré,
p. 972-73.

dans ce creux de terrain : « Donnons plus bas »[1], dit-il. Aussitôt, avec une troupe d'élite, 400 cavaliers bardés de fer, il se lance tête baissée sur les Allemands « en l'endroit du ply », il tombe mortellement blessé[2], mais malgré une énergique résistance, sa troupe parvient à percer cette ligne sans appui. C'était à la cavalerie bretonne — postée sur les ailes pour se porter rapidement où besoin serait, — c'était à elle de venir défendre ce point faible ; ne l'ayant pas fait, elle devait réparer le désastre en allant attaquer le corps de Galiota et l'empêcher de prendre à dos l'infanterie bretonne. Mais « la cavalerie, dit d'Argentré, fist tres-mal son devoir » et ne soustint point, en sorte qu'elle descouvrit les gens de pied. » On devine la suite. Une partie de la troupe de Galiota se jeta sur les bagages et sur le charroi de l'artillerie, tua les gardiens et rompit les barricades, en sorte que le flanc gauche des Bretons resta sans défense ; de là ils coururent à l'arrière-garde tombant sur les vivandiers et les valets, qui prirent la fuite et entraînèrent avec eux le peu de gens de guerre qu'on avait laissés à la réserve. Pendant ce temps les troupes françaises continuaient d'entrer par la brèche que Galiota avait faite dans la ligne bretonne ; le corps de bataille breton, puis l'avant-garde, assaillis à la fois de dos et de face, ne purent résister longtemps ; bientôt la déroute fut générale[3].

La cavalerie se sauva à travers le bois d'Usel[4] ; Rieux et d'Albret, bien montés, échappèrent à la poursuite des Français, qui firent la

---

[1] « Les Françoys furent foulez lourdement et contrainctz de laisser l'avantgarde, disans: Donnons plus bas. » Bouchart, f. 209 r°. — Cf. d'Argentré, p. 973. — Ni d'Argentré ni Bouchart ne nomment Galiota; mais Jaligny et l'auteur de la vie latine de Louis XII lui attribuent très-explicitement l'idée et l'exécution de cette manœuvre.

[2] D'un coup de coulevrine à la jambe. Corresp. de Charles VIII. n° 175, p. 196. — Il s'agit sans doute ici d'une coulevrine à main, que deux hommes portaient et qu'on tirait en appuyant le canon sur un chevalet.

[3] V. Bouchart, édit. 1532, f. 209 r°, et d'Argentré, éd. 1618, p. 973.

[4] « Se mirent les gens de cheval bretons rompus en un petit bois, qui estoit le long du chemin. » D'Argentré, p. 973.

chasse aux fuyards jusque vers Mézières [1]. Le maréchal alla à Dinan.

Dans ce désastre, certains corps semblent avoir fait une résistance désespérée. Les 2,000 hommes portant la croix rouge (1,700 Bretons, 300 Anglais) furent, au dire de tous les chroniqueurs, tués jusqu'au dernier; s'ils avaient cherché à fuir, il en serait resté quelques-uns [2]. — La bande d'Allemands, dans les rangs de laquelle combattait le duc d'Orléans, se réfugia dans le bois d'Usel; attaquée par les Français, soutenue par l'exemple du prince, elle se défendit bien et parvint à échapper presque tout entière; le duc, qui ne voulait pas fuir, se battait en désespéré ; comme il portait une armure spéciale, un de ces corselets dits *écrevisses*, à plaques glissant les unes sur les autres, les Français le reconnurent et, au lieu de le tuer, le firent prisonnier [3]. — Le prince d'Orange commandait, nous l'avons dit, une troupe d'infanterie bretonne. Quand le corps de bataille fut enfoncé, il se replia avec ses hommes sur cette pointe de l'avant-garde, formée des gens d'armes qui avaient si bien repoussé la première charge des Français. Avec les débris de cette troupe et de la sienne, il continua de combattre tant que cela fut possible, resta le dernier sur le champ de bataille et « y fit de

[1] « La chasse dura jusqu'au village de Mazière, en landes de Barbase. » *Chron. de J. Molinet*, t. III, p. 396.

[2] Il en échappa à peine une dizaine, plus ou moins blessés, que la ville de Rennes pansa et secourut après la bataille. (Arch. de Rennes).— V. Bouchart et d'Argentré.— « Le seigneur de Scales avec bon nombre d'Anglois demorèrent morts sur la place, auprès d'un bois nommé *Selp*. » J. Molinet, t. III, p. 396. — C'est bien ici le bois d'Usel, dont le nom est à peine altéré par la lourde prononciation flamande. Molinet, chanoine de Valenciennes, sujet de la maison d'Autriche, tenait ces renseignements des auxiliaires allemands qui avaient combattu à Saint-Aubin.

[3] V. J. de Saint-Gelais, *Hist. de Louis XII*, édit. 1622, p. 61-62, et l'histoire latine de ce prince dans Godefroy, *Hist. de Charles VIII*, p. 273. — « Le duc d'Orléans fut pris prisonnier entre les Allemands, au prochain bois taillis. » D'Argentré, éd. 1618, p. 973. — « Le duc d'Orleans fut congnu entre les Suysses (c'est-à-dire entre les Allemands), ayant une escrevice. » Bouchart, éd. 1532, f. 209 r°. — D. Lobineau (*Hist. de Bret.*, 1, 786) dit que les Français reconnurent ce prince « à une ecrevisse *qu'il portait pour devise*. » Le savant bénédictin s'est trompé; le duc d'Orleans avait pour devise, non une ecrevisse, mais un porc-épic avec ces mots: *Cominus et eminus*.

grandes armes », dit d'Argentré [1]. Enfin, « voyant tout rompu, il se jeta par terre entre les morts » ; reconnu par un archer français qui avait servi dans sa compagnie, il fut à son tour fait prisonnier.

Les Bretons perdirent dans cette bataille 5 à 6,000 hommes, la plupart tués [2]. Outre les noms déjà cités, on note entre les morts le prince de Léon, fils aîné du vicomte de Rohan, le baron de Pont-Labbé et le sire de la Roche-Jagu ; entre les prisonniers, le chef du corps auxiliaire d'Espagne, messire Mosen Gralla, le baron de la Hunaudaie [3], les sires de Molac et de Kermavan, etc.

La perte des Français monta à 1,400 hommes environ ; Jaligny, parmi les morts, cite trois personnages notables : Galiota, — « don » James de Lérin, fils du comte de Lérin de Catalogne, qui estoit » venu servir le roy, y avoit trois ans », — et un chevalier de Normandie, Robinet Le Beuf [4].

Somme toute, ce fut une rude bataille, acharnée et sanglante ; Charles VIII rendait justice aux deux partis quand il écrivait, le lendemain, « qu'ils s'estoient très-bien entrebatuz. »

Le souvenir de cette sombre mêlée resta longtemps dans la mémoire populaire, il n'est pas encore éteint. Jusqu'à la fin du siècle dernier, deux croix de granit s'élevaient sur la lande, à l'écart de tout chemin, de tout sentier, au bord du bois d'Usel, à la place où la bruyère avait bu plus largement le sang breton : on les nommait simplement *les Croix de pierre*. Elles n'existent plus que sur les plans. Mais un coin du bois d'Usel, où partie des vaincus furent enterrés, a retenu le nom de *charnier*, c'est-à-dire de cimetière, et un poirier sauvage (ou *bézier*) qui poussait là, engraissé de cette substance, ayant atteint une taille extraordinaire, ce quartier de forêt s'appelle encore aujourd'hui *le Bézier au charnier*.

[1] « Ne demourant debout que la poincte des gendarmes et gens de pied bretons, que conduisoit le prince d'Orange. » (D'Argentré, p. 973). — D. Lobineau (I, 786) a eu le tort de méconnaître la belle conduite du prince d'Orange.

[2] On peut croire, d'après Bouchart, qu'il y eut 3,400 Bretons mis hors de combat, et de 2,000 à 2,500 prisonniers. Je ne sais sur quoi D. Lobineau se fonde pour dire 12 à 1,300 tués, 5 à 6,000 prisonniers (I, 786).

[3] V. *Corr. de Charles VIII*, n° 181, p. 202.

[4] Godefroy, *Hist. de Charles VIII*, p. 54.

XVI

Nous avons essayé de reconstruire ce drame en déterminant avec précision le terrain qui en fut le théâtre, et en y reportant, dans un ordre clair et logique, tous les traits épars fournis par les documents et les chroniqueurs contemporains [1]. Dans cette œuvre délicate, et qui n'avait pas été tentée [2], nous ne nous flattons pas de n'avoir commis aucune erreur : nous accueillerons avec empressement toutes les observations, toutes les critiques.

Nous laissons de côté les anecdotes, qui ne touchent ni au caractère ni à l'importance de l'événement. Une seule requiert examen : la légende du souper de La Trémoille après la bataille de Saint-Aubin, que Lobineau (après bien d'autres) rapporte en ces termes :

« La Trémoille fit asseoir le duc d'Orléans au-dessus de lui, le prince d'Orange à la place la plus honorable après, et se mit vis à vis d'eux. Au dessert on fit entrer deux Cordeliers, que La Trémoille avoit mandés, dont la présence donna quelque inquiétude aux princes. La Trémoille s'étant levé, leur dit: *Messei-*

---

[1] On doit mettre au nombre de ces derniers d'Argentré, pour la partie de son récit empruntée à un document authentique, aujourd'hui perdu, daté du 7 octobre 1488 (*Hist. de Bret.*, édit. 1618, p. 973-974); mais il est impossible d'admettre, comme il le dit (p. 972), que les coureurs des deux armées se soient rencontrés « sur un estang près le bourg d'Orange » et y aient bataillé deux heures durant, *immédiatement avant la bataille*. Cela ne s'accorde ni avec Bouchart, ni avec la lettre de Charles VIII. Ce combat n'a pu avoir lieu que la veille ou le matin du 28 juillet, quand les Bretons quittaient leur campement d'Orange, et le corps français qu'ils rencontrèrent là ne pouvait faire partie de l'armée qui fut engagée à Saint-Aubin.

[2] La dissertation du *Dictionnaire de Bretagne* d'Ogée (nouv. édit., art. *Saint-Aubin-du-Cormier*), n'établit en définitive qu'un point: c'est que la bataille ne fut pas livrée à Orange, mais dans « la partie de la lande qui se déploie entre Mezières et « la forêt de Haute-Sève » (*Dict. de Bret.*, II,703), ce qui est fort vague et ne peut, à cause des distances, s'accorder avec la lettre de Charles VIII au Parlement de Paris (voir ci-dessus, p. 55).

gneurs, *il ne m'appartient pas de rien ordonner contre vous,
cela est réservé au roi; mais vous autres soldats* (adressant la parole
aux autres prisonniers), *qui avez quitté le service du roi pour suivre
celui de ses ennemis, confessez-vous et vous disposez à la mort.* »
Les princes intercédèrent vainement pour eux ; tous ceux qui avaient
quitté le service du roi pour prendre la croix noire, furent exé-
cutés. »

Nous avons tout récemment réfuté cette fable dans un travail spécial [1]; nous le reproduisons en appendice, à la suite de cette étude.

XVII

D'Argentré a bien exprimé d'un mot l'effet produit en Bretagne
par la journée de Saint-Aubin : « Onc, dit-il, ne fut si grant eston-
nement par tout le pays [2]. » On crut voir, sentir partout le glaive
du vainqueur, et partout on se crut à sa merci. Cet étonnement fut
tel qu'un petit chef de bande français (Nicolas Labbé), qui guer-
royait le long de la frontière normande, s'étant le lendemain de la
bataille jeté sur la Bretagne, enleva en deux jours [3], sans coup
férir, trois forteresses, — Aubigné, Hédé et Moutmuran, — en se
donnant pour l'avant-garde de l'armée d'invasion.

La Trémoille, appréciant bien l'émotion produite par sa victoire, profita de la première minute de cet effarement pour diriger
contre Rennes un coup d'intimidation qui avait chance de lui livrer
cette ville. Le 29 juillet, ses hérauts se présentèrent devant la place

[1] Publié dans le numéro de mars-avril 1877 du *Cabinet historique*. (Paris,
Menu. libr., 7, quai Malaquais).

[2] *Hist. de Bret.*, 1re édition, p. 1107.

[3] Avant le 1er août. voir la *Correspondance de Charles VIII*, n° 219, p. 245.

et remirent aux magistrats une lettre du général sommant les bourgeois d'ouvrir leurs portes au roi de France. S'ils refusaient, l'armée royale partirait le lendemain pour venir les assiéger, et ferait d'eux « telle punition qu'il en seroit mémoire et exemple à tous autres. » S'ils obéissaient, le roi les traiterait de façon à les rendre contents, plus qu'ils ne l'avaient jamais été. « Et vous man- » dons, disait-il en terminant, que demain, que approcherons de » vostre ville, vous faites venir et amener des vivres à l'ost, et » seront bien traitez ceux qui les amèneront et bien payez ¹. »

Ce dernier trait, négligemment jeté à la fin de la lettre, ne pouvait guère laisser de doute sur la réalité des intentions de La Trémoille et de sa marche contre Rennes. En un instant, la cité fut en rumeur. On fit demander, pour répondre, un délai de quatre jours, afin de consulter le duc qui était à Nantes : les hérauts, conformément aux ordres du général, refusèrent. Le conseil de ville et les notables de trois ordres se rassemblèrent dans la cathédrale. Les avis furent partagés ; les alarmés voulaient se rendre, mais la panique folle, issue de la défaite de la veille, fut arrêtée par la digue solide du vieux patriotisme breton. Le parti de la résistance l'emporta, et l'on rédigea une belle harangue pour rejeter la sommation de La Trémoille. Quand il s'agit de savoir qui la porterait aux hérauts, « plusieurs refusèrent la charge, dit Bouchart, de peur d'encourir » la male grâce des Françoys. » Cette crainte n'arrêta point Jean Le Vayer, chanoine de Rennes, Plessix-Balisson, lieutenant du duc, Jacques Bouchart, membre du conseil des bourgeois, greffier du Parlement, « homme moult sçavant et éloquent. » Tous trois se rendirent à la porte de l'enceinte où les hérauts attendaient en dehors des murs, et là le greffier eut l'honneur de leur lire la réponse de la ville. Réponse admirable, trop peu connue, car depuis la dernière édition d'Alain Bouchart (1541), un seul de nos historiens (Lobineau, en 1707) l'a reproduite. La voici :

« Messeigneurs les hérauts, les gens de ceste ville de Rennes ont eu conseil sur ce que vous leur avez dit et fait dire de par le

¹ D'Argentre. *Hist. de Bret.*, edit. 1618, p. 974.

seigneur de la Trimouille, lieutenant du roy, et ont entendu que
vous ne leur avez pas voulu donner temps de quatre jours pour sur
ce conseiller [1] le Duc, nostre souverain seigneur : qui leur semble
chose bien estrange.

» Ne pensez pas pourtant, si le roy a eu la victoire à Sainct
Aulbin du Cormier, — dont vous aultres Françoys tenez voz cou-
rages si très haulz qu'il vous semble que jà vous estes seigneurs
de Bretaigne, — que vous ayez ainsi facilement le sourplus.

» Vous devez tout premièrement considérer que le roy ne doibt
et ne peult rien prendre en ceste duché, dont cy est la principale
cité ; aussi ses prédécesseurs roys de France n'y ont jamais réclamé
droit, sinon en l'obéissance de Pierre Mauclerc.

» Si vous avez bien veu les histoires de la Saincte Escripture,
vous y avez en plusieurs lieux trouvé que le plus grant nombre de
combattans n'ont pas toujours eu la victoire. Vous sçavez comment
il en print au roy Philippe de Valois à Crécy, l'an 1346, quant luy,
qui accompaigné estoit de cent mil hommes, fut defaict par dix mil
Angloys. Et aussi du roy Jehan près Poitiers, le 19e jour de septembre l'an 1356, où les Françoys par leur fierté perdirent leur
roy. Vous aultres Françoys ferez assez d'entreprinses de guerre et
de bataille, tant qu'il vous plaira ; mais Celuy qui sans fin règne là
sus donne les victoires. Ne vous en attribuez pas la gloire, c'est à
luy qu'elle appartient.

» Le roy, par les ambassadeurs qu'il a ces jours passez transmis
par devers le duc, ne demandoit pour octroyer la paix que la ville
de Foulgères ; encore ne la vouloit-il avoir sinon jusques à tant
que l'on eust visité [2] les droits du roy. Or avez vous maintenant
Foulgères, et demandez encore Rennes !

[1] Prendre conseil, consulter.

[2] C'est-à-dire examine, on fait examiner par des arbitres, les pretentions du roi au
duché de Bretagne après la mort du duc François II. — Il est très-vrai que, malgré
la reprise des hostilites au commencement de juillet, les negociations se poursui-
vaient entre le roi et le duc, témoin ce passage d'une lettre de Graville à La Tre-
mouille du 8 juillet 1488 : « Touchant Mons' de Dunoys, il doit estre demain icy et dit
« des plus belles choses du monde... Mais ne laissez pas à tenir voz choses toutes

» Seigneurs heraulx, je vous faiz assavoir qu'en ceste bonne ville
de Rennes y a quarante mil hommes, dont les vingt mil sont de
telle résistance que — moyennant la grâce de Dieu en qui gist
nostre confiance! — si le seigneur de la Trimouille et son armée
viennent assiéger ceste ville, autant y gaigneront-ilz comme ilz ont
gaigné devant la ville de Nantes [1].

» Nous ne craignons le roy ne toute sa puissance.

» Pourtant, retournez au seigneur de la Trimouille et luy faictes
le rapport de la joyeuse réponse que nous vous avons faicte ; car de
nous n'aurez aultre chose pour le présent [2]. »

Avant de laisser partir les hérauts, on les fit boire et manger ;
revenus à Saint-Aubin près de La Trémoille, ils « luy récitèrent de
mot en mot », dit Alain Bouchart, la réponse des Rennais. La Trémoille ne partit point le lendemain pour assiéger Rennes. Il resta
à Saint-Aubin jusqu'au 4 août, réglant avec ses lieutenants son
plan de campagne ; ce jour-là il se mit en marche vers Dinan.

Beaucoup d'historiens se sont demandé pourquoi le général
français ne donna pas suite à ses menaces contre Rennes. Plusieurs
le taxent d'indécision et d'inhabileté. Presque tous voient dans la
belle réponse des Rennais un généreux mouvement de patriotisme,
qui n'aurait pu être soutenu d'une résistance sérieuse en cas de
siége. Quelques-uns expliquent le fait en supposant un miracle.
« La capitale de la Bretagne n'était pas en état de soutenir un
» siége contre des ennemis *dix fois supérieurs en nombre* : » si
« l'armée assiégeante, changeant subitement de dispositions, *on*
» *ne sauroit dire pour quel motif*, renonça à poursuivre sa victoire
» et rentra dans ses quartiers » [3], c'est que Notre-Dame des Miracles

« preste » (pour le siège de Fougères), et de les avancer tant que vous pourrez, car
« je ne crois pas que les Bretons baillent ceste place si ce n'est par la double qu'elle
« leur soit prinse par force. » (*Corresp. de Charles VIII*, n° 154, p. 171.) — Il est
donc vrai, comme le dit Jacques Bouchart, que les Français avaient demandé Fougères pour faire la paix.

[1] Assiégée inutilement par les Français du 19 juin au 6 août 1487.

[2] Alain Bouchart, *Chron. de Bret.*, édit de 1532, f° 200 v°.

[3] Dom F. Plaine, *Hist. du culte de la sainte Vierge dans la ville de Rennes*, 1872,
p. 57-58. Dom Plaine dit même que, « pendant *les quatre jours de répit accordés par*

et de Bonne-Nouvelle, exauçant les prières des Rennais, étendit sur leur cité sa puissante protection.

Assurément la sainte Vierge, invoquée dans ce péril, put raffermir le courage des habitants, inspirer leur résistance, et par là sauver leur ville. Mais les actes de La Trémoille s'expliquent sans miracle. Il envoya sommer les Rennais, le 29 juillet, parce qu'il espérait voir la panique lui ouvrir leurs portes et ne voulait pas négliger une pareille chance. Il n'assiégea pas Rennes, parce qu'il n'espérait pas le prendre et ne voulait pas risquer un échec.

Voyons s'il avait raison.

XVIII

A l'occasion de la prise de Fougères, nous avons montré comment, au temps de Charles VIII, dans le siége des petites places, la force de l'attaque se trouvait nécessairement supérieure à celle de la défense. La cause de cette supériorité était la facilité, pour l'artillerie, de faire brèche dans des murailles trop élevées et de couvrir de ses feux tout l'intérieur de la ville de manière à accabler la garnison, à désespérer les habitants, à les empêcher de dresser derrière les points attaqués de nouvelles défenses ; la facilité, aussi, d'investir une enceinte peu étendue.

Contre une enceinte de grande dimension, comme étaient celles des grandes villes, la supériorité de l'attaque s'effaçait. Les armées de cette époque, ordinairement assez peu nombreuses, ne suffisaient pas à l'investissement ; les bouches à feu ne portant pas, sauf exception, au delà de 5 à 600 mètres, l'intérieur de la place était en grande partie hors d'atteinte. Quand on avait été assez avisé pour diminuer la hauteur des murs ou pour les couvrir d'ouvrages nouveaux moins vulnérables au feu de l'assiégeant, quand ces ouvrages et les murs eux-mêmes étaient armés d'une bonne

---

« l'orgueilleux sire de la Trémoille, on courut en foule assiéger les autels de Notre-Dame des Miracles et de Notre-Dame de Bonne-Nouvelle. » Alain Bouchart, seul contemporain qui rapporte cette histoire, dit tout au contraire, comme on l'a vu, que le répit de quatre jours demandé par les Rennais fut refusé.

artillerie bien servie, la place défendue par des gens de cœur,
librement ravitaillée et secourue, alors une grande ville était si
forte que les écrivains militaires du XVIᵉ siècle la présumaient
imprenable, sauf par trahison, surprise ou stratagème [1].

En 1485, les murailles de Rennes, formées par trois enceintes
successivement soudées l'une à l'autre, présentaient un développe-
ment de près de 3,000 mètres et renfermaient une surface de 62
hectares environ. On comprenait dès lors parfaitement que la force
d'une place dépendait de l'étendue de ses défenses ; en février 1486,
sur la proposition du prince d'Orange et du maréchal de Rieux,
commis à la visite des places de Bretagne, le duc ordonna un nouvel
accroissement de la ville de Rennes du côté du Nord, au moyen
d'une quatrième enceinte, qui devait partir de la porte Saint-Georges
(près de l'abbaye de ce nom), comprendre le monastère de Saint-

---

[1] Guillaume du Bellay, qui écrivait au commencement du XVIᵉ siècle (il mourut
en 1542), dit dans ses *Instructions sur le fait de la guerre* : « Qui vouldra priser
la peine que c'est de tenir siege devant une ville forte et ce qu'elle couste avant
qu'estre conquise par force d'armes, il trouvera que la peine et la mise surmontent
de beaucoup le proffit qui en pourroit jamais venir. Et j'ose dire que la conqueste
d'un grand pays seroit plus aisée à faire que la prinse d'une de ces villes fortes et
obstinées en leur opinion... Et puisque je parle de ces villes fortes, il faut dire
quelle ville ou place c'est que j'estime estre imprenable ou du moins fort bien difficile à prendre. Je dy que celle là en est une qui est aussi forte de gens et de toutes
munitions comme sont ceux qui l'assiegent, sans la forteresse de la ville que les
assiegez ont davantage... ou, si elle n'est du tout aussi forte de gens, qu'au pis
aller elle en ayt assez pour fournir ses murailles et bastions de toutes parts de pas
en pas, et en outre qu'il y en ayt un très bon nombre pour defendre les bresches
que ceulx de dehors pourroient faire. Et mais qu'une ville soit ainsi garnie, jaçoit
que les murailles et aultres deffenses ne soient des meilleures, si est-ce qu'elle se
peult tenir pour très forte... Celles qui auront esté remparées depuis XXX ans
peuvent estre tenues pour très difficiles à conquester, et au devant desquelles on
perdra plus que l'on ne gaignera » (*Inst. sur le fait de la guerre*. Paris, Vascosan,
1548, f. 84 v, 85 r°. livre III. ch. 2.). — Robert de Balsac d'Entragues, senéchal
d'Agenois, l'un des lieutenants de La Tremoïlle en 1488, a écrit un petit livre sur
l'art militaire, intitulé la *Nef des batailles*, dans lequel il conseille, « lorsqu'on veut
assieger une place, de l'enclorre, c'est-à-dire de l'investir parfaitement ; car si
l'on y laisse quelque issue, jamais on ne viendra à bout de la reduire. » Voir
Melanges tires d'une grande bibliothèque, t. XXVII, p. 8.

Melaine, la barre Saint-Just [1], et aboutir au pont Saint-Martin sur l'Ille, descendre le long de cette rivière jusqu'au pont du Bourg-l'Évêque, et de là revenir s'attacher à la vieille enceinte dans le voisinage de la porte Mordelaise. Cet accroissement devait doubler l'étendue de la place. Pour fournir à la dépense, le duc fit lever sur les vins dans tout l'évêché de Rennes, un impôt dit le *dizain soult* [2].

L'année suivante, dès le commencement de la guerre entre la Bretagne et la France, les bourgeois de Rennes prirent les mesures les plus énergiques. Le 28 et le 29 mars 1487, le conseil de ville or-donna de mettre en état l'artillerie et de la monter sur les murailles, de tendre les chaînes dans les rues, de réparer et fortifier les bar-rières qui fermaient chaque faubourg [3]. On décida que personne, excepté les habitants, ne pourrait entrer en armes dans la ville, que l'on surveillerait avec soin les hôtelleries. On fit de grands ap-provisionnements de blé ; on visita l'arsenal de la ville, on acheta des brigandines et l'on remit des cordes aux arbalètes. Enfin, la milice bourgeoise, qui en temps de paix sommeillait un peu, reçut l'ordre de s'exercer assidûment [4].

Puis l'attention des bourgeois se porta sur leurs murailles. Il y avait là de grosses dépenses à faire. Comme l'argent comptant n'abondait pas, on obtint du duc l'autorisation de lever, « sur les » manans et habitans de Rennes riches et puissans de prester », un emprunt qui produisit 3,124 livres (plus de 100,000 francs de nos jours) et ne fut, croyons-nous, jamais remboursé.

[1] La barre ou barrière Saint-Just était située vers l'extrémité de la rue actuelle de Fougères, au lieu où cette rue prend le nom de faubourg de Fougères.

[2] V. d'Argentré, *Hist. de Bret.* édit. 1618, l. xiii, ch. 33, p. 948.

[3] On en augmenta le nombre ; le compte des miseurs pour 1487 constate qu'il n'y en avait pas moins de vingt sur les diverses avenues de la ville de Rennes.

[4] « Item, est commandé à chaincun cinquantanier et sa cinquantaine de se mettre en point, et aller lundi (2 avril 1487) par les maisons pour les en advertir, et pa-reillement de leur artillerie ; et jeudi à deux heures après midi la monstre leur as-signée. En ce qu'est cest article, seront mandez à demain à matin les cinquantaniers. » — Arch. de Rennes, liasse 15.

On rasa, aux abords de la ville, tout ce qui pouvait faire obstacle à l'artillerie de la place ou servir d'abri à l'ennemi : on ne respecta ni l'hôtel du Puits-Mauger (devant le boulevard de Toussaints), séjour favori du duc François II, ni le manoir seigneurial de la Vaierie, (sur l'emplacement du Champ-de-Mars actuel), ni le colombier et la chênaie de l'abbesse de Saint-Georges. Du côté du nord, où la ville se trouve plus dominée, on prit un soin tout spécial d'aplanir et de niveler le sol environnant [1].

Comme on craignait d'abord une attaque venant du Sud, on fit rompre et *hourder* [2] les chemins dans cette direction [3] et l'on s'occupa de suite de ce côté de la place. L'angle Sud-Ouest était fort mal défendu : on couvrit la porte du Champ-Dolent et la tour de Chicogné par un ouvrage extérieur en maçonnerie, que les actes du temps appellent *fausses brayes*, mais qui était probablement un bastion peu élevé, armé d'artillerie [4]. Dans les boulevards ou ravelins qui couvraient les portes de Toussaints et de Porteblanche, on construisit des *taudis*, c'est-à-dire des abris fortement remparés de bois et de terre pour loger des hommes et de l'artillerie [5]. Entre ces deux boulevards et au delà des fossés, on se fit à peu de frais une bonne défense avancée en crénelant le mur du jardin de la Vaierie [6].

---

[1] « Aultres mises faictes pour unir et abatre les terres et arbres d'entre les portaulx de Sainct Michel et Sainct George... et porter les terres sur les douves du dehors de la ville d'entre les portauls de Mordelaize et Sainct Michel. » Pour ce travail, 1.920 journées de « manouvriers », du 17 juin au 1er octobre 1487. *Arch. de Rennes, Compte des miseurs pour 1487* (n. st.), f. 43 et 44.

[2] Garnir d'obstacles.

[3] *Compte des miseurs pour 1487* (n. st.), f. 14 R°. dépense du 25 avril 1487.

[4] « Aultres mises pour l'ediffice de la maçonnerie des *faulces brayes* divisées estre faictes au dehors de la ville, entre le portal de Champ Dollant et la tour de Chicogné. » — « Item, à Guill. Evain, Pierres Boschier et Jamin Olivaud, pour leurs paines d'avoir este en la compaignie de Monsr le chancelier diviser les canonnières des faulces brayes de Champ Dollent. » — « Le derrain jour d'octobre, pour sept gons de fer a servir és deux entrées des faulces brayes du Champ Dollent et du boulevart de terre du pré Raoul. » Etc. *Ibid.* f. 24, 27, 30, 53, 66 ; travaux faits du 18 juin au 5 août et du 6 octobre au 3 décembre 1487.

[5] *Ibid.* f. 45 à 49

[6] « XXXVII journees de maczons à perser le mur de la Vaerie ». *Comptes des miseurs pour 1488* (n. st.). f° 87 v°.

A l'Est, on donna plus de largeur et de profondeur aux douves « derrière Saint-Georges », qui allaient de la porte de ce nom à la Vilaine ; et devant cette porte on construisit un ravelin ou boulevard de pierre, comme en avaient les autres entrées de la ville [1].

A l'Ouest, on établit hors des murs un grand retranchement, formé d'un fossé et d'un rejet de terre, appuyé d'un bout sur l'Ille vers le pont du Bourg-l'Evêque, et de l'autre sur la Vilaine ou tout au moins sur l'ancienne enceinte au dessous de la porte Mordelaise : on appelait cela « le boulevard de terre du pré Raoul » [2].

Au Nord, un retranchement pareil fut jeté en avant de la porte aux Foulons et de son boulevard de pierre qui existait depuis long-temps [3]. Entre cette porte et la Mordelaise, on *rempara* les murs de la ville [4], c'est-à-dire qu'on appliqua en dehors, contre la partie inférieure du vieux mur de pierre, une muraille de terre toute neuve, maintenue extérieurement par des pièces de bois et des clayonnages, juste assez élevée pour donner un tir rasant aux pièces qu'on y plaçait et pour dominer la contrescarpe, trop peu pour être décou-verte par l'artillerie assiégeante tant qu'elle ne serait pas rendue au bord du fossé. C'est là ce qu'on appelait alors proprement un *rempart* [5]. Enfin, toujours pour donner moins de prise au feu de

---

[1] Compte des miseurs pour 1487 (f° 15 à 24), et pour 1488, f° 22 à 36.

[2] « Aultres mises pour l'ediftice et faczon du boulevart de terre du ponsel du pré Raoul. » Compte des miseurs pour 1487 (n. st.), f. 32 à 43, travaux faits du 18 juin au 3 décembre. — Le pré Raoul s'etendait à l'Ouest de la ville de Rennes, en dehors des fossés ; il était borné au Sud par la Vilaine, — à l'Est par l'enceinte de la ville ou plutôt par les maisons et jardins bordant la contrescarpe des fossés depuis la porte Mordelaise jusqu'à la Vilaine, ce qui répond à la rue Nantaise actuelle, — au Nord par les maisons et jardins du « forsbourg l'Evesque » jusqu'à la hauteur du premier pont sur l'Ille, point qui marquait à peu près la limite occi-dentale du pré Raoul.

[3] « Aultre mise pour le belouart de terre divisé estre fait au davant de la porte et belouart de pierre au Foulon, commancé la semaine 24° jour de may l'an 88. » Arch. de Rennes, Livre du controle pour 1488 (n. st.), f. 61 à 118. — Cf. Compte des miseurs pour 1488, f. 30 à 58.

[4] Annexes des comptes des miseurs pour 1487.

[5] V. Viollet-Leduc, *Dictionn. de l'archite t. franç. du XI° au XVI° siècle*, I, p. 422-424, au mot *Architecture militaire*.

l'ennemi, les Rennais sacrifièrent ces belles tours qui, dominant de haut le reste de l'enceinte, formaient comme les fleurons de leur couronne murale. On les décoiffa de leurs toits en aiguille si élancés ; on rasa à mi-hauteur ces colonnes gigantesques, on les mit au niveau des courtines. La tour Le Bart, qui trônait comme un donjon à l'angle Sud-Est dans une situation prédominante, n'eut d'autre avantage que de tomber de plus haut et d'écraser sous ses ruines les bâtiments placés à ses pieds [1].

Toutes ces améliorations étaient fort bien entendues pour réduire les avantages de l'assiégeant et accroître ceux de l'assiégé. Les boulevards de terre du pré Raoul et de la porte aux Foulons, les fausses brayes du Champ-Dolent, le mur crénelé de la Vaierie, étendaient notablement le champ de défense des trois anciennes enceintes. Pourtant, on ne s'en tint point là. En octobre 1487, on commença de travailler à la quatrième enceinte, ou, comme on disait alors, à la nouvelle « croissance de la ville », ordonnée en février 1486 par le duc François II. On ne s'amusa point à la faire en maçonnerie, le temps manquait, et d'ailleurs ces murs de pierre, beaux à l'œil, offraient à l'user plus d'inconvénients que d'avantages. Un bon fossé, avec rejet de terre pour couvrir les hommes et l'artillerie, valait mieux et coûtait moins [2]. On en fit un de cette sorte allant de la porte Saint-Georges à l'abbaye de Saint-Melaine et jusqu'à la barre Saint-Just [3] ; de là au pont Saint-Martin, on

---

[1] « Aultres mises faictes pour la descouverture et abateure des tours de ceste dicte ville. » Compte des miseurs de Rennes pour 1488 (n. st.), f. 87 à 90.

[2] Machiavel dit que « les fossés sont la première et la plus forte défense des places. » Cité par Viollet-Leduc, *Dict. d'archit.* I, p 433.

[3] « Ensuilt le grant et pris des heritaiges et chouses heritelles prinses par le Duc, nostre souverain seigneur, pour la fortificacion et augmentacion nouvellement ordonnee et faicte prés ceste ville de Rennes, ou costé devers Saint-Melaine en soy rendant droit aux moulias de Saint-Martin. » Arch. de Rennes, Livre du prisage des terres et maisons prises pour la fortification de la ville en 1487, f. 27 à 30. — « Mises pour l'editice et emparement des douves neuffves d'emprès la barriére Sainct Just. » Comptes des miseurs pour 1487 (n. st.), f. 44. — « Aultre mise faicte aux fossez de la barre Sainct-Just, tirant aux fossez de Sainct Melaine, pour la croissance de la ville » et « pour la fortificacion et garde des faulxbourgs. » Travaux du 25 fevrier au 21 juillet 1488. Compte des miseurs pour 1488 (n. st.), f. 37 et Livre du controle pour 1488, f. 50.

renouvela, en l'augmentant, un vieux retranchement connu depuis le XIII⁰ siècle sous le nom de « douve à Gahier » [1] ; du pont Saint-Martin à celui du Bourg-l'Évêque, on eut le meilleur des fossés, la rivière d'Ille ; et le Bourg-l'Évêque se trouva couvert, relié à l'ancienne enceinte par un ouvrage dont on a déjà parlé, le boulevard de terre du pré Raoul. — En doublant l'étendue des défenses de Rennes, cette nouvelle ligne de retranchement, improvisée sous le coup de l'invasion, rendait l'investissement impossible, et mettait hors d'atteinte le corps de la place.

Tout cet ensemble de fortifications, très-habilement conçu, était formidable. Reste à voir s'il était suffisamment pourvu d'armes et de défenseurs.

<h2 style="text-align:center">XIX</h2>

L'arme la plus efficace, pour défendre comme pour attaquer une place, c'était déjà l'artillerie.

Les Rennais semblent s'être appliqués de tout temps à entretenir l'artillerie de leur ville. Malheureusement il nous en reste bien peu d'inventaires, et aucun qui se rapporte à 1487 ou 1488. Le plus voisin de cette date est de décembre 1474 [2].

A cette époque, Rennes possédait près de 80 pièces d'artillerie de diverses espèces, savoir : *3 veuglaires, 9 serpentines, 30 canons, 2 crapaudeaux, 2 pétards, 27 coulevrines.* Sauf les coulevrines, les pétards et quelques-uns des canons, toutes ces pièces se chargeaient par la culasse, au moyen de boîtes mobiles. Les canons, les pétards, 4 coulevrines et une serpentine étaient en fer, le reste en fonte de cuivre et, à juger par leur poids, toutes pièces de moyen ou de petit calibre. Les plus fortes, les veuglaires, pesaient de 5 à 600 livres ; les serpentines 300 en moyenne, sauf une serpentine *double*, nécessairement plus grosse. Douze des canons pesaient ensemble 2,386 livres, moyenne 200 ; mais il y avait 4 « *grands* canons »

---

[1] « Ensuilt le grant et pris des heritaiges prins pour reparer les douves à Gahier, entre la ripviere d'Isle et la ripviere de Vislaigne. » Livre du prisage de 1487, f. 26.

[2] Cet inventaire est à la fin du compte des miseurs pour 1473 (a. st.).

qui étaient probablement beaucoup plus forts, et 8 « petits canons
» enchassez en bois », certainement plus faibles. Cent et quelques
livres était le poids de la plupart des coulevrines, il y en avait de
plus fortes et de plus faibles ; ces dernières, ainsi que les moindres
canons, se tiraient sur des chevalets et peuvent être considérées
comme armes portatives, dont chacune faisait la charge de deux
hommes.

Nous nous arrêtons sur ces détails pour montrer ce qu'était cette
vieille artillerie. En 1475, elle s'accrut de 25 coulevrines et serpentines, à côté desquelles on voit pour la première fois paraître la
bisaïeule légitime de notre fusil actuel, l'arquebuse, qu'on appelait
encore hacquebute ou hacquebusse.

En 1477, la ville de Rennes fit exécuter par divers maîtres fondeurs
100 « hacquebuces » et 85 pièces d'artillerie, savoir, 40 canons de
fer, 14 serpentines et 31 coulevrines de fonte de cuivre [1]. Les poids
de ces différentes pièces sont presque tous supérieurs aux chiffres
correspondants de l'inventaire de 1474, par ailleurs les différences
semblent peu sensibles. On peut croire que les veuglaires, les grosses
serpentines et les grands canons lançaient des boulets du poids de
20 à 30 livres [2], et les autres au dessous à proportion. On voit
d'ailleurs qu'à cette date la ville de Rennes possédait déjà, outre ses
hacquebutes, 180 pièces d'artillerie, chiffre formidable.

Pour les dix années suivantes nous manquons de renseignements.

En 1487 et 1488, la ville de Rennes fit fondre ou acheta 7 hacquebutes [3] et 45 bouches à feu, dont 3 serpentines de fer, 36 *faucons*
de fonte de cuivre, et 6 autres pièces sans désignation spéciale. Plus
de coulevrines, les faucons en tenaient lieu, quoique bien plus forts ;

---

[1] *Arch. de Rennes*, actes des 11 mai et 3 octobre 1577. Chacune des « hacquebuces » pesait 20 livres, indépendamment du bois sur lequel on la montait.

[2] Il est même probable que les *grands* canons et les serpentines doubles dépassaient ce chiffre. L'auteur des *Études sur l'artillerie* dit en effet (I, 96-97) que le
canon *double courtaut* portait 50 livres, et le *canon serpentin* 25. Or nous retrouvons
plus tard, dans les comptes des miseurs (1488), des canons dits « gros courtauts »
qui doivent être les « grands canons » de 1474.

[3] De fonte de cuivre, pesant 34 livres chacune.

deux d'entre eux devaient peser près de 500 livres chaque, douze
300 livres, quatre 200, et dix-huit de 140 à 150 ; on tirait ces derniers sur des chevalets. Tous ces faucons se chargeaient par la
gueule, sans boîte mobile. Les serpentines, qui étaient de très-
fortes pièces, se chargeaient les unes par la gueule, les autres par
la culasse. La plus faible pesait avec sa boîte 834 livres. Les deux
autres devaient peser ensemble de 6 à 7,000 livres : l'une, à boîte
mobile et se chargeant par derrière, portait des boulets de fer de
60 livres, l'autre de 40, cette dernière sans boîte mobile, se chargeant
par devant, et munie de tourillons « pour tirer sur un affust à roes [1]. »
C'était là les plus forts calibres de l'époque et les derniers perfec-
tionnements de l'artillerie.

Plus de 200 bouches à feu pour défendre la ville de Rennes
constituait un armement redoutable, mais il fallait savoir s'en servir
et d'abord les placer.

Pendant la plus grande partie du XV⁰ siècle, on s'était plu à hisser
les pièces d'artillerie sur les murailles, sur les plates-formes des
tours et des portes, comme on y mettait auparavant les trébuchets,
les mangonneaux et autre machines de jet. Mais le feu plongeant,
surtout avec des pièces très-difficiles à mouvoir, a un grand
désavantage : il ne frappe qu'un point et il est facile de s'y soustraire. Le feu rasant, à hauteur d'homme, atteint au contraire tout
ce qui se trouve dans toute la longueur de sa ligne de tir et envoie
des projectiles en ricochets [2]. Dans toutes les fortifications nouvelles, soit de pierre, soit de terre, on avait toujours soin de se
ménager ce genre de tir. Pour l'obtenir dans les fortifications anciennes, il fallait, à la partie inférieure des murs et des tours, percer
de larges canonnières. Les Rennais ne s'y épargnèrent pas : du
boulevard de Porteblanche à celui de Mordelaise, c'est-à-dire
dans la partie la plus ancienne de l'ancienne enceinte, on les

---

[1] Compte des faiseurs pour 1487, et acte du 28 janvier 1488. — Sur l'artillerie de
Rennes en 1487 et 1488, voir le compte de 1487, f. 91 v° à 98, et celui de 1488,
f. 92 r° à 97.

[2] V. Viollet-Leduc, *Dictionn. de l'architect. franç. du XI⁰ au XVI⁰ siècle*, I, p. 410.

voit bécher les terres accumulées derrière la muraille et percer
dans le bas de celle-ci de larges ouvertures pour placer des batte-
ries qu'on protégeait tantôt avec des manteaux de bois, tantôt avec
des talus gazonnés. On n'épargna même pas les églises, on fit une
de ces grandes canonnières dans celle de Saint-Georges, contiguë
au mur de ville [1].

Dans la partie de l'enceinte où les fossés étaient secs, on construisit, sous les ponts des portes de la ville, de petites maisons de
pierre, basses, crénelées, couvertes de forts madriers, pour loger
des hommes et de l'artillerie chargés de balayer le fond de la douve.
Les auteurs militaires de l'époque (Machiavel, entre autres)
nomment ces petites constructions des *casemates,* on a dit plus tard
des *caponnières,* les Rennais de ce temps les appelaient simplement
des *saillies* [2].

Le personnel chargé de *gouverner* l'artillerie de la ville Rennes
— comme on disait alors — répondait à l'importance du matériel.
Mais il faut remarquer que l'artillerie ne formait point encore une
arme spéciale : les canonniers et les « artilliers » étaient une sorte
d'ingénieurs qui dirigeaient à la fois et la fabrication et le service
des bouches à feu. En temps de paix ils avaient sous leurs ordres,
pour leurs travaux, des brigades d'ouvriers ; en temps de guerre, des
escouades de soldats tirés de l'infanterie, mis à leur disposition
pour manœuvrer leurs pièces.

[1] Dans le compte des miseurs pour 1488 : « Mises faictes pour les canonnières et
saillies de cete ville de Rennes » (f. 76 à 83), entre autres dépenses : « 6 journées
de manouvriers quels commencèrent à perser le gros mur des deux coustez du portal
aux Foullons pour y faire deux canonnières. — 36 journées de manouvriers, quels
furent à becher et porter les terres de près les murs de la Feillée de Rennes et
d'entre le portal de St George et la tour Lebart, pour y faire des canonnières. —
145 journées de maczons, quels furent à besongner aux canonnières et saillies de
St Georges, aux Foullons, Champ Jacquet, la Feillée, St Michel et de Mordelaise » et
plus loin « de Porteblanche » (f. 76, 78, 79). — 18 journées de maczons qui furent
à tailler de la pierre pour … maczonnerie d'une canonnière estant en l'eglise pa-
rochial de Sainct George » (f. 87 v°). — « 15 journées et demie de manouvriers à
faire une canonnière de gason, près la tour Lebart du costé vers St Georges » (f.
89 r°).

[2] Voir à ce sujet Machiavel, *Art de la Guerre,* cité et commenté par L.-Nap. Bo-
naparte, *Études sur l'artillerie,* t. II, p. 106, 134, 137.

Au commencement de 1488, Rennes avait à ses gages 40 canonniers, dont le chef était Vullequin ou Villequin de Lespine, maître-
canonnier de la ville. Sur ces quarante canonniers, 6 se qualifiaient
en outre « ouvriers de fonte », c'est-à-dire fondeurs de cuivre, ils
faisaient les pièces de bronze ; 3 étaient « ouvriers de forge » et
faisaient les pièces de fer ; il y avait aussi 5 charpentiers, 5 « artilliers » ou artificiers et fabricants d'arcs et de flèches [1], un ouvrier d'arbalètes et un ouvrier de fers de vireton.

Le lendemain de la bataille de Saint-Aubin, le jour même où La
Trémoille envoyait sa sommation, ce nombre de canonniers se
trouva doublé, parce qu'une quarantaine de ceux du duc, venus à
Rennes après le désastre, furent immédiatement retenus aux gages
de la ville. Le lieutenant de l'artillerie ducale, Jean Louys, resta
avec eux et donna tous ses soins « tant de jour que de nuyt » à la
garde de la place [2].

XX

On le voit, le patriotisme actif des bourgeois de Rennes n'avait
rien négligé pour mettre leur ville en mesure de remplir sa mission
et d'être le solide boulevard de l'indépendance bretonne. Mais
faut-il prendre à la lettre le mot de Jacques Bouchart, que si La
Trémoille venait assiéger la place, elle pourrait lui opposer 20,000
défenseurs? C'est plus certainement que n'en peut fournir une population de 40,000 âmes : en admettant que tout homme valide
prît part à la défense, cela ne peut guère aller au delà du quart, qui

---

[1] Brantôme dit que, de son temps encore, « le maistre *artiller* est celuy qui se
mesle de faire des arbalestes, des traits et des flesches,... et aussi se mesloient de
faire des fusées. » (*Œuvres*, édit. du *Panthéon litter.*, t. I, p. 578). A Rennes, il y
avait un ouvrier spécial pour les arbalètes et pour les viretons ou traits d'arbalète.
Les « artilliers » devaient être réduits aux arcs, aux flèches et aux fusées.

[2] Compte des miseurs pour 1488, et actes du 2 août et du 23 décembre 1488
(Arch. de Rennes).

est 10,000. Mais on doit croire que ce dernier chiffre eût été atteint et qu'il eût été sérieux : les bourgeois se défendaient bien derrière leurs murailles, et il y avait là d'ailleurs un noyau solide, une milice bourgeoise fort exercée, dont on a parlé plus haut.

En outre, de l'armée bretonne défaite à Saint-Aubin il restait environ 6,000 hommes, que le maréchal de Rieux s'occupait de rallier. Dès qu'il sut Rennes menacé, il y courut avec ce qu'il avait sous la main [1]. Nul doute qu'à la nouvelle du siége et de la résistance de sa capitale, la Bretagne entière, remise de la panique de Saint-Aubin, n'eût volé au secours, comme elle l'avait fait pour Nantes l'année d'avant. Le nombre de ses défenseurs aurait bien vite dépassé le chiffre annoncé par Bouchart.

L'armée française, malgré sa victoire, avait souffert et perdu près de 1,500 combattants, à peine dépassait-elle 13,000 hommes [2]. En supposant ses pertes réparées, elle allait à 15,000. Ce n'était pas la moitié de ce qu'il fallait pour faire le siége de Rennes. Nous en avons un témoin irrécusable : le roi Charles VIII, trois ans plus tard, n'ayant plus que Rennes à soumettre de toute la Bretagne, déclarait (le 8 octobre 1491) « que, pour enclorre et environner la » dite ville ainsi qu'il appartient, il convient de nécessité recou- » vrer jucques au nombre de 30,000 combattants, oultre ses or- » donnances [3]. » Et même quand il eut cette grosse armée, le roi n'essaya pas d'investir la place, qui resta toujours libre du côté de l'Ouest.

---

[1] Dans la nuit du 29 au 30 juillet, les Rennais lui envoyèrent à Dinan la sommation de La Trémoille, en le priant de venir à Rennes dont il était capitaine ; il s'y trouvait certainement le 4 août. (Arch. de Rennes, actes du 4 août et du 3 octobre 1488). Les chefs de l'armée française provenaient fort bien que les débris de l'armée bretonne allaient se rallier à Rennes; voir Jaligny dans Godefroy, *Hist. de Charles VIII*, p. 54.

[2] Le R. P. Plaine (voir plus haut p. 70) dit que l'armée de La Trémoille était « dix fois supérieure en nombre » aux défenseurs de Rennes. C'est supposer que Rennes n'eut pas trouvé plus de 1,300 hommes pour la défendre, assertion tout à fait invraisemblable et injurieuse pour cette ville.

[3] Biblioth. Nat. Mss. Fr. 26,102, n° 715.

La Trémoille était bien trop habile pour entreprendre un tel
siége, sans même avoir la moitié des troupes nécessaires pour
réussir. Aussi — quoi qu'on en ait dit [1] — ne fit-il pas un mouvement pour menacer Rennes, la *Correspondance de Charles VIII*
le prouve. Elle prouve qu'il resta à Saint-Aubin du Cormier jusqu'au
4 août [2], et le 7 il était à Dinan, comme nous le verrons tout à
l'heure, signant la capitulation de cette ville. Entre le 4 et le 7, à peine
avait-il eu le temps de rejoindre devant cette place, avec le gros de
son armée, l'avant-garde qu'il y avait envoyée le lendemain de la
bataille sous les ordres du vicomte de Rohan.

Ainsi tout s'explique naturellement. Au lendemain de Saint-
Aubin, La Trémoille voulut forcer les portes de Rennes par l'intimidation. Il échoua. La réponse des habitants ne fut pas le cri
irréfléchi d'un peuple téméraire, incapable de soutenir ses paroles
par des actes. Ce péril ne les surprit point, ils s'y préparaient

[1] D'Argentré (édit. 1618, p. 975, l. XIII, ch. 46) dit que « le sieur de la Tri-
» mouille, pour plus espouvanter les habitans de Rennes, fist approcher l'armée du
» roy à Acigné, Chasteaugirou, Vern, Saint Sulpire et autres villages des envi-
» rons. » On ne trouve cette assertion nulle part ailleurs, et d'Argentré doit l'avoir
tirée de quelque tradition orale qui avait confondu la menace de siége de 1488 avec
le siége effectif mis devant Rennes en 1491 par Charles VIII; car, des montres militaires conservées à la Bibliothèque Nationale il résulte clairement que les paroisses
nommées par d'Argentré furent occupées par des corps de troupes françaises, non
en 1488, mais en septembre et octobre 1491.

[2] Le 9 août 1488, Charles VIII écrit à La Trémoille : « Cher et féal cousin, il y a
ung jour que nous avons receu voz lettres, *escriptes à St-Aubin le 4e jour de ce moys
d'aoust*, par lesquelles nous faictes savoir vostre partement, et le lieu où vous ti-
rez, et de la semmacion que avez faicte à ceulx de Rennes : et nous semble que
avez bien advisé de le prendre ainsi. Et au regard des vivres que demandez qui
vous suyvent, nous en avons escript partout aux commissaires, tellement que vous
n'en aurez point de faulte. Mais *en tant que touche de mectre des geas à Dol pour la
seureté de vosditz vieres*, il faut que cela viengne d'entre vous et que y donnez provision telle qu'elle vous semblera estre affaire par delà. » (*Corresp. de Charles VIII*,
n° 186, p. 206-207). La dernière phrase de ce passage prouve jusqu'à l'évidence
que La Trémoille, en quittant St-Aubin le 4 août, se dirigea immédiatement sur Dinan, surtout quand on se rappelle qu'avant la bataille de St-Aubin il s'était pro-
noncé pour le siége de cette place comme « le plus aisé, pour le fournissement des
» vivres qui pouvoient venir de Normandie par Dol. » Voir ci-dessus, p. 51.

depuis seize mois et s'étaient mis en mesure de le braver. La Trémoille, sûr d'un échec, les laissa.

Saluons, en passant, cet exemple de patriotisme et de fermeté dans le devoir. Pendant les cinq ans de cette guerre (1487-1491), où tant de grands noms de l'aristocratie bretonne se traînèrent tristement dans l'intrigue, la cupidité, la trahison, Rennes n'eut pas un instant de défaillance. Ses bourgeois donnèrent aux chevaliers des leçons d'honneur.

XXI

Leur fière résistance releva le cœur de la Bretagne. On comprit que, malgré Saint-Aubin, tout n'était pas perdu ; que sous la protection de Rennes et de Nantes il était possible de refaire une armée, de prolonger la lutte, peut-être de réparer tous les désastres.

Le duc et son conseil ne perdirent pas une minute. Dès le 30 juillet, il envoie deux messagers de confiance demander secours au roi d'Angleterre et à celui des Romains [1]. Le même jour, il fait lever dans le pays de Guérande 200 bons combattants pour garder la place de Redon. Le 3 août, il donne « commission à Jean de » Tromenel de se transporter ès parties de Ploërmel, Josselin, » Guingamp et ès environs, pour choisir et eslire de *bons corps* » pour la deffense du païs. » Le 4 août, « commission à Thébaud » du Maz d'assembler des gens de communes en certaines paroisses » de l'évesché de Rennes. » Le 6 août, il faut de l'argent comptant, le duc met de ses joyaux en gage pour 25,000 livres [2].

Le 7 août, la ville de Dinan, après avoir tenu quelques jours contre le vicomte de Rohan, voyant venu sous ses murs La Tré-

[1] D. Morice, *Pr. de l'hist. de Bret.* III, 534-545.
[2] *Reg. de la chancell. de Bret.* de 1487-1488, f. 243 v°, 246 r° et v°, 247 r°.

moille avec le reste de l'armée française, se rend aux conditions les
plus douces [1]. Elle n'avait pour garnison qu'une trentaine de
gentilshommes du pays, on ne comptait pas sur sa résistance. Cet
échec n'affecta pas les Bretons et semble avoir redoublé l'activité
du duc.

Le 10 août, il envoie dans tous les évêchés de Basse-Bretagne Mau-
rice du Mené, capitaine des archers de la garde ducale, et maître
Guillaume de la Noë, pour « assembler en la plus grant diligence
» qu'estre pourra les nobles, ennobliz, francs-archiers, esleuz et
» bons corps, en leur faisant injonction de se mettre incontinent
» sus en armes, sur peine de punition corporelle et confiscation de
» leurs biens », et aussi pour « contraindre et compeller tous ceux,
» de quelque estat qu'ils soient, qui auront esté taillez et imposez ès
» rolles des empruntz, à en faire paiement au trésorier des guerres,
» néantmoins quelconques empeschemens. » Le même jour, le duc
ordonne aux juges de Vannes d'assembler le peuple « en plus grant
» nombre qu'estre pourra », pour « desmolir et abatre les murailles
» et forteresses de ladite ville [2]. » Le 12 août, ordre de faire monter
sur roues l'artillerie de Nantes. Le 14, institution de Guillaume Calon
pour capitaine-général au terroir de Guérande sur terre et sur mer,
car l'énergique population de ce coin de terre se battait également
bien sur les deux éléments. Le même jour, ordre à François Ma-
deuc et Jean de Tromenel de ravitailler Josselin pour deux mois au
moins ; en cas de siége de mettre hors de la place les bouches inu-
tiles, de rompre les murailles de la ville en deux ou trois endroits
et de tenir énergiquement dans le château. Ce jour-là encore on
scelle l'ordre de remettre à Bisien de Kerousy et Geoffroy La Garde

[1] La vie et les biens des habitants de la ville et de tout l'archidiaconé de Dinan
furent garantis, ceux qui voulurent se retirer ailleurs eurent 15 jours pour le faire
sans perdre leurs biens. Les autres conservèrent tous leurs privilèges ; il fut stipulé
qu'on ne les tirerait point de chez eux pour faire la guerre, qu'au contraire l'armée
du roi sortirait incontinent de leur territoire. Voir D Morice, *Preuves.* III, 595-597.

[2] *Reg. de la chanc. de Bret. de* 1487-1488, f. 249 v° et 251 v°. Dans l'extrait du
mandement relatif à Vannes, on mentionne comme presents au conseil du duc « les
comtes d'Albret et de Dunoys, le vichancelier, le seneschal de Nantes, le procureur
général, les trésorier et conterolle généraux, et piuseurs autres. »

une somme de mille livres « pour employer au secours de Saint-Malo [1]. »

Car Saint-Malo était assiégé. La Trémoille sortant de Dinan avait mené là son armée. Mais Saint-Malo n'était pas Dinan : le duc de Bretagne comptait bien qu'il ne serait pas pris, le roi ne comptait guère le prendre. Graville, son confident, écrivait. le 12 août à La Trémoille : « J'ay tout maintenant reçu une lettre de vous touchant Saint-Malo, » que vous dites qui est une forte place : c'est chose bien véritable » que c'est vrayment *une des belles places du monde.* Et au regard » de la prendre par force, s'il y a des gens dedans pour la défendre, » *seroit une chose très mal aisée à faire :* mais si n'y avoit que ceux » de la ville, on les pourroit bien prendre par peur, *non pas par* » *autre manière.* » Or, il y avait dans la place 1,200 hommes de guerre bretons et étrangers, sous les ordres de Jacques Le Moyne, grand-écuyer de Bretagne et homme de résolution, qui était venu s'y renfermer à la nouvelle du siége. Aussi Graville ajoutait : « Il » s'entend bien assez par deçà (c'est-à-dire à la cour) ce que y » pouvez faire, par quoy ne pouvez faillir à en estre quitte » [2], même si vous échouez dans ce siége.

Saint-Malo, sur son rocher lié à la terre par une longue et étroite langue de sable [3], que son château dominait absolument et sur laquelle il était impossible de placer de batterie, Saint-Malo était presque inaccessible à l'artillerie assiégeante. La côte la plus voisine était celle de la Cité au dessus de Saint-Servan, à mille mètres environ de la place assiégée : les canons ne portaient pas si loin. Il fallut faire la batterie en pleine grève en avant de la Cité et l'asseoir sur une construction de maçonnerie dont les restes se voyaient encore au temps de d'Argentré [4]. On ne pouvait l'utiliser qu'à mer basse ; à mer haute il fallait retirer les pièces. D'Argentré raconte, d'après Ful-

---

[1] *Reg. de la chanc. de Bret. de 1487-1488.* f. 253 r°, 254 v° 255 v°.

[2] *Corresp. de Charles VIII,* n° 188, p. 209.

[3] On n'avait point encore bâti, sur cette langue de sable, la chaussée artificielle (fort élargie depuis quelques années) que l'on appelle le Sillon.

D'Argentré. *Hist. de Bret.* édit. 1618, l. XIII, ch. 47, p. 976.

gose [1], qu'on les laissait sous la vague toutes chargées, couvertes de
peaux enduites de graisse qui tenaient à sec, malgré le flot, la pièce
et la poudre. Fulgose rapporte mal à propos au siége de Saint-Malo
ce que Jean Chartier dit de celui de Cherbourg en 1450, et encore,
même pour Cherbourg, cela a l'air d'un conte. Il est sûr, en tous
les cas, que l'attaque était fort laborieuse, et la place pouvant toujours se ravitailler par mer, si l'assiégeant avait rencontré dans
l'assiégé la même fermeté qu'à Rennes, il eût certainement échoué.

L'artillerie finit par faire deux petites brèches dans le mur, l'une
entre la tour Mouillée et la tour Battue, l'autre entre cette dernière
et la croix de l'Ardillier [2]. Mais la place gardait intacte sa meilleure défense: sa formidable ceinture de roches, qui rendait l'assaut presque impossible. La garnison l'attendait sans crainte [3]; les
habitants, marchands avant tout, prirent peur pour leurs biens.
« Ceux de la ville qui ne vouloient pas se détruire, dit Jaligny, re-
quirent de parlementer [4]. » Les gens de guerre s'y opposèrent, entre
autres Jacques Le Moyne, qui s'emporta en « paroles mal sonnantes », c'est-à-dire en invectives contre les bourgeois et les Français. La garnison refusa de prendre part aux négociations. Les
habitants passèrent outre et dépêchèrent Jacques Lemée, l'un deux,
pour connaître les intentions de l'assiégeant. Cette ouverture ayant
été accueillie, la ville envoya au camp français, pour débattre les
clauses de la capitulation, huit députés, deux au nom des gens
d'Église : Étienne Millon, abbé de Saint-Jacut, Jean Robin, chanoine ; et six au nom des bourgeois: Berthelot Lemée, Jean May,
Alain Guillaume, Pierre des Granges, Jourdan Maingart, Jean de
Beaubois [5].

---

[1] Ou Frégose (Jean-Baptiste), doge de Venise en 1479, déposé en 1484, mort en
France après 1496; son ouvrage de *Dictis factisque memorabilibus* fut publié à Milan
en 1509.

[2] *Mémoires* mss, de Frotet de la Landelle.

[3] La ville de Châteaubriant, dans des conditions infiniment plus mauvaises, avait
subi et repoussé quatre ou cinq assauts avant de capituler.

[4] Dans Godefroy, *Hist. de Charles VIII*, p. 55.

[5] V. *Corresp. de Charles VIII*, n° 220, p. 246.

Les dignes marchands s'étaient trop pressés. Quelques jours de résistance de plus eussent été de leur part une opération fructueuse et pour leur honneur et pour leur caisse. Graville, en effet, mandait le 14 août à La Trémoille : « Le roy vous escript unes let» tres touchant les ambassadeurs de Bretaigne qui sont icy, les» quels ont requis dudit seigneur, de par le duc, quatre jours d'abs» tinence de courre les bonnes gens du plat pays : ce que le roy « leur a accordé, à commencer de l'heure que vous aurez les lettres » qu'il vous en escript ; et *au regard de la place* (de Saint-Malo), il » me semble pareillement que vous devez donner à congnoistre à » ceux de la place *qu'il vous est défendu de plus ne les presser* [1]. » Mais le jour même que l'amiral écrivait ces lignes au château du Verger [2] où le roi se trouvait alors, La Trémoille signait la composition de Saint-Malo.

Par ce traité, la vie des habitants et de tous les défenseurs de la place fut garantie sans difficulté.

Pour les biens, la question était plus délicate. Il y en avait beaucoup dans la ville et sur les navires mouillés au port ; le commerce malouin était fort riche. Les Français convoitaient cette proie opime ; mais les Malouins ne traitaient point par lâcheté, ils négociaient pour sauver leurs biens ; menacés de les perdre, ils auraient rompu la conférence, refermé leurs portes, résisté victorieusement. La Trémoille, voyant ce péril, modéra l'avidité de son armée. Saint-Malo abritait d'autres richesses que celles des Malouins ; dans ce lieu vraiment imprenable — pour peu qu'on le voulût défendre — nombre de Bretons de tous les points du duché avaient mis en sûreté le plus précieux de leurs biens, or, argent, bijoux, meubles, vêtements, etc. A force d'entasser, cette part du trésor était devenue la plus grosse : La Trémoille s'en contenta.

On fit deux catégories des richesses amassées à Saint-Malo, l'une composée des biens qui appartenaient aux habitants de cette ville ou du pays d'alentour dans le rayon de quatre lieues, aux habitants de

[1] *Corresp. de Charles VIII*, n° 189. p. 210.
[2] En la paroisse, auj. commune de Seiches, à 5 lieues N.-E. d'Angers.

l'archidiaconé de Dinan et des autres territoires bretons soumis à
la France (Vitré, Fougères, Saint-Aubin et Dol) : tous ces biens
furent garantis à leurs possesseurs. — Tous les autres furent con-
fisqués au profit du roi.

Quant aux gens de guerre de la garnison, qui subirent cette
composition sans l'accepter, on leur délivra des sauf-conduits pour
aller où bon leur semblerait, sans armes, armures, paquets,
bagages ni autre chose quelconque, « fors leur robe, pourpoint,
» chausses, souliers, bonnet et chapeau seulement, avec ce qu'ils
» avoient d'argent en leur bourse, le surplus de leurs biens à la
» volonté du roi et de M. de la Trémoille. » Jacques Le Moyne fut
encore plus maltraité : pour le punir de s'être jeté dans la place et
de l'avoir excitée à la résistance par ses « paroles mal sonnantes »,
on le condamna à sortir en simple pourpoint, un bâton blanc à
la main et nu-tête « en signe d'humilité » [1].

Ainsi, les habitants de Saint-Malo sauvèrent leurs biens en
livrant ceux que les Bretons du dehors avaient fiés à ce boulevard
de la Bretagne; en livrant même, autant qu'il était en eux, l'honneur
et les intérêts de la garnison. On voudrait pouvoir enlever cette
page, qui fait tache dans les glorieuses annales de cette ville.

Les Malouins furent d'abord si satisfaits du marché, qu'ils
offrirent à La Trémoille entrant dans leurs murs un quartaut de
vin de Canarie [2]. Bientôt vint l'heure des regrets. Une clause de la
capitulation portait que, tout en gardant leurs biens, les habitants
« aideroient à défrayer les dépens et frais faictz par leur faute »

---

[1] V. la capitulation de Saint-Malo dans la *Corresp. de Charles VIII*, n° 220,
p. 246-248. Elle y est datée, par erreur, du 13 août au lieu du 14.

[2] Frotet de la Landelle a transcrit, à la fin de ses mémoires manuscrits, une
pièce intitulée : *L'emprunt de 12 000 escus soleil faict par le roi Charles VIII à la
ville de Saint-Malo avec les noms de ceux qui prestèrent ladicte somme.* C'est la liste
de ceux qui contribuèrent à la rançon exigée par La Trémoile, que le roi consentit
plus tard à rembourser. On y trouve cet article : « *Jacques Lenée, 7 escus; item,*
pour un cheval qu'il perdit quand il fut parler, y estant envoye, à Mons' de la
Trimouille, capitaine et lieutenant géneral du feu roy Charles, lors tenant le siège
devant la Cité de Saint-Malo, et pour un quartault de vin de Canarie, que ledit
Lenée luy bailla pour present de la part de la ville. 22 escus. »

pour le siége de leur ville. Sous ce prétexte, on leur extorqua
12,000 écus à 35 sols pièce, soit 21,000 livres, répondant à plus de
800,000 francs d'aujourd'hui : pour un siége de huit jours, c'était
cher. Cette saignée ne mit point à s · la fortune des Malouins ;
pourtant, comme il fallait payer de suite, ils se trouvèrent sur
l'instant serrés au point d'accepter le s cours même des Français.
Adrien de l'Hospital, nommé provisoirement (semble-t-il) capitaine de Saint-Malo après la reddition, leur prêta, pour cet objet,
671 écus [1]. Le 24 août, ils avaient achevé de payer leur rançon [2].

XXII

La capitulation de Saint-Malo fut plus funeste à la cause bretonne
que la journée de Saint-Aubin. Il était possible de refaire une armée ;
impossible de reprendre, sur des gens résolus à la défendre, cette
place imprenable, l'un des boulevards du duché. Cet échec militaire — grâce aux clauses acceptées par les Malouins — se doublait
d'un désastre financier, vivement ressenti dans toute la Bretagne [3].

[1] Sur la liste des personnes qui fournirent l'argent pour la rançon de Saint-Malo,
on trouve, en tête de l'un des chapitres, cette note : « Tous les susdénommés
estoient habitans de St-Malo, et les suivans en estoient estrangers ou forains » ;
l'article qui suit immédiatement porte : « Le capitaine Adrian, 671 escus. » Et plus
bas, on rencontre un chapitre intitulé : « Autres habitans qui prestèrent pour rembourser le capitaine Adrian. » Ce titre de capitaine et l'inscription d'Adrien su
cette liste ont induit en erreur Frotet de la Landelle, qui écrivait à la fin du
XVI siècle, sur des actes, aujourd'hui détruits, des archives de Saint-Malo. Il a
cru à tort que cet Adrien était capitaine ou gouverneur de la ville avant sa reddition ;
mais ce qui ne permet là-dessus aucun doute, c'est qu'une des copies de la liste de
l'Emprunt de 12,000 écus, citée en extrait par M. Bourdeau (Histoire et panorama
d'un vieux pays, in-4°, 1861, p. 134), porte « Adrian de l'Hospital », ce qui ne
peut désigner que le lieutenant de La Trémoille, le chef de l'avant-garde française à
la journée de Saint-Aubin

[2] V. Correspond. de Charles VIII, n° 225, p. 253.

[3] Jaligny indique fort bien le caractère et les conséquences de l'évènement : « A
la prise de Saint-Malo, dit-il, les Bretons eurent une grande et merveilleuse perte,
pour ce qu'ils la tenoient pour une des plus seures villes de tout le pays de Bretagne et, à cette cause, avoient retiré dedans, comme à refuge, la plupart de leurs
biens ; ce qui fut cause qu'il y eut un fort grand soin pour les gens du roy, et c'es-

Au lendemain de Saint-Aubin, la fière résistance de Rennes avait relevé tous les cœurs et rendu courage au duc ; on avait cru le salut du pays possible par le patriotisme de la bourgeoisie appuyé sur la solidité des meilleures places de guerre ; et voilà que l'une de ces places, des plus importantes par sa situation, par son commerce, par l'audace et la richesse de ses habitants, faisait misérablement défaut.

Ce coup produisit l'effet inverse de la résistance de Rennes : le découragement, chassé un instant, reparut plus lourd, plus profond, plus général qu'au lendemain de Saint-Aubin. Le duc renonça à poursuivre la lutte, ses ambassadeurs eurent ordre de faire la paix à tout prix. Le roi y était disposé, car cette guerre pesait fort sur ses finances, et le 17 août 1488, annonçant au Parlement de Paris la prise de Dinan et de Saint-Malo, il disait : « Quelques » choses qui soient avenues à nostre honneur et avantaige, nous » sommes deliberez entendre à la paix, et n'a tenu ni ne tiendra à » nous que bonne fin et conclusion n'y soit prinse avecques les am- » baxadeurs de nostre cousin le duc de Bretaigne, lesquelz par » nostre congé sont encores revenuz vers nous pour y besongner, » nonobstant qu'il soit bien à nostre puissance de subjuguer et » mectre en nostre main et obéissance le demourant dudit païs et » des places d'iceluy [1]. »

Le 19 août, au château du Verger où se trouvait le roi, le traité fut conclu, l'instrument authentique dressé le lendemain à Sablé, et la ratification du duc de Bretagne donnée à Coiron quelques jours après.

toit tousjours un plus grand renfort pour luy et plus grand affoiblissement pour le duc et ceux de son party. Que si les Bretons furent affoiblis à cause de la journée de Saint-Aubin, la prise de Saint-Malo les mit encore davantage hors de tout espoir de salut et ne voyoient plus aucune ressource ny remède à leurs maux, sinon d'avoir leur final recours à la bonne grâce et miséricorde du roy. » Godefroy, *Hist. de Charles VIII*, p. 55.

[1] Archives Nationales. — D'après Bouchart (édit. 1532, f. 211) et d'Argentré (édit. 1618, t. XIII, ch. 48), le roi, excité par certains conseillers, surtout, selon d'Argentré, par M⁴ᵉ de Beaujeu — aurait incliné à refuser la paix et achever la conquête de la Bretagne, sans l'intervention du chancelier Gui de Rochefort qui, s'opposant éner-

Voici les principales clauses de ce traité. — Le duc fera sortir
« incontinent » de son pays « tous les estrangers qui se sont meslez
« de la guerre contre le roy. » — Il « ne permettra point que ses
» filles soient mariées au desplaisir et mescontentement du roy. » —
Le roi gardera « en sa main » les places de Saint-Malo, Fougères,
Dinan et Saint-Aubin, avec leurs « banlieues, chastelenies, juris-
» dictions et ressorts. » Il fera « dès à présent retirer son armée
» hors de Bretaigne » ; il n'exigera du duc aucune contribution de
guerre, il le laissera même jouir du revenu des domaines de Dinan
et de Saint-Aubin, s'engageant à lui remettre ces deux places quand
le duc aurait accompli toutes les clauses du traité. — Mais il devait
garder Saint-Malo et Fougères jusqu'à la mort du duc et même,
après cette mort, jusqu'à la sentence à intervenir entre lui et Anne
de Bretagne sur les droits qu'il prétendait au duché en vertu de la
cession faite à Louis XI par les héritiers de Charles de Blois. Cette
clause était menaçante. — Enfin le roi ne devait rendre Vitré et
Clisson qu'aux seigneurs de ces deux places — le comte de Laval
et le baron d'Avaugour, — tous deux du parti français et ne deman-
dant qu'à garder des garnisons françaises [1].

En somme, Charles VIII continuait de tenir six villes de Bretagne,
qui lui permettaient de reprendre la guerre quand il le voudrait et
de la porter au cœur du pays. La nécessité du consentement du roi
au mariage de l'héritière de Bretagne était une condition dure en
apparence, mais facile à éluder. La clause la plus pénible, c'est
en réalité la première, celle qui regarde les étrangers, car sous ce
nom se trouvaient compris les mécontents de France : en s'obli-

geammeut à cet abus de la force, eût décidé Charles VIII à donner à François II des
conditions acceptables. — La lettre royale que nous citons et le témoignage très-
catégorique de Jaligny prouvent que le roi était pour la paix : « Après que le roy eut
entendu ladite ambassade, sur le champ, de luy mesme, et sans prendre sur cela aucun
conseil, il leur fit réponse et dit, etc. » Jaligny dans Godefroy, *Hist. de Charles VIII*,
p. 55. Mais on doit admettre, à raison du témoignage de Bouchart, que le chancelier
Rochefort s'employa énergiquement à obtenir pour la Bretagne les meilleures conditions qu'il lui fut possible.

[1] V. D. Morice, *Preuves de l'Hist. de Bret.* III, 568-602, et Godefroy, *Hist. de
Charles VIII*, p. 57-61.

geant de les mettre hors de son duché, le duc s'engageait à livrer de sa main ses propres alliés au roi sans la moindre garantie contre la vindicte royale. Charles VIII, jusqu'au dernier moment, crut que la crainte de tomber en son pouvoir pousserait ces mécontents aux derniers efforts pour empêcher François II de ratifier le traité. Jusqu'à la ratification officielle il tint à garder ses troupes en Bretagne au grand complet. Dès le 23 août, La Trémoille avait tiré l'armée de Saint-Malo, et commencé de la passer en revue à Châteauneuf de la Noë [1], pour renvoyer en France tout ce qui ne serait pas nécessaire à la garde des places. A cette occasion, le roi lui écrivit le 24 août :

« Nous avons tout à ceste heure receu une lettre de vous qui contient vostre deslogement de Saint Malo et le chemin que vous avez espérance de tirer pour toujours nous faire service. Vous mettez en vostre lettre que vous prenez une conclusion pour départir [2] noz gens de pié. Il nous semble que vous avez très-bien advisé, mais il est besoing d'une chose : c'est que jusques à demain l'arcevesque de Bordeaux et autres, qui vont de par nous devers le duc, ne seront à Nantes ; et *doubtant que noz subjectz qui sont là n'empeschassent l'appointement ainsi conclu* [3], *qui est en effect qu'ilz n'y sont guères avant comprins, entr saichans nostre armée departie pourroient encore brouiller quelque chose.* — Nostre advis est que pour d'icy à mercredi ou à jeudi (27 et 28 août), vous faciez vivre voz gens sans en faire grant departement ne tourner de tous points le doz à la ville de Rennes, en attendant de nos nouvelles, affin que nous ne fussions point empeschez de rassembler ceulx qui seroient departiz. Vous, passez le temps le mieulx et le plus doulcement que pourrez jusques ad ce que vous ayez de noz nouvelles ; et tout incontinent que nos ambaxadeurs nous auront fait savoir l'arrest de la conclusion, vous en serez adverti à toute diligence. — Mais ce temps pendant, faictes

---

[1] D. Morice, *Pr. de l'hist. de Bret.*, III. 592. 593.

[2] Separer, renvoyer dans leurs quartiers ou dans leurs foyers.

[3] C'est-à-dire la ratification du traité du Verger par le duc François II, ratification qui d'après cette lettre dut avoir lieu le 25 ou 26 août 1488.

voz departemens, tant de commissaires que de prevosts pour conduire voz gens de pié, qui n'y ait sinon à faire le commandement
quant noz nouvelles vous en viendront : et faictes le tout à la moindre
charge du peuple que faire se pourra [1]. »

Cette lettre nous montre dans Charles VIII une prévoyance toujours en éveil, une entente rare du détail des choses de la guerre.
Le traité fut ratifié sans difficulté ; conformément aux dispositions
arrêtées par La Trémoille et recommandées par le roi lui-même,
l'armée française évacua la Bretagne dans les derniers jours d'août.

XXIII

La guerre — jusqu'à nouvel ordre — était finie.

Aussitôt Charles VIII adopta vis-à-vis de la Bretagne, surtout vis-à-
vis des villes et des territoires tombés en son pouvoir, même vis-à-vis
des mécontents de France réfugiés dans cette province, une politique
pleine de modération et d'habileté. La Trémoille, en quittant Saint-
Malo, y avait laissé des commissaires trop faibles contre les convoi-
tises allumées en eux et autour d'eux par la vue de l'or malouin,
qui exercèrent ou laissèrent exercer « des rançonnements sur les
» biens et marchandises d'aucuns dudit Saint-Malo », et accablèrent
ceux qui résistaient de mauvais traitements. Les habitants se plaigni-
rent ; par l'organe de leur évêque, Pierre de Laval, qui était aussi
archevêque de Reims, leurs plaintes parvinrent jusqu'au roi. Celui-ci
ordonna immédiatement de cesser ces vexations et manda à La
Trémoille (31 août 1488) de retirer ses commissaires, déclarant
hautement sa volonté de traiter les Malouins « aussi bien et favora-
» blement que autre ville de nostre royaume », ajoutant qu'il allait
envoyer de ses gens « là et ailleurs aux autres places (dit-il) que
» nous tenons en Bretaigne, afin que rien ne leur soit fait par quoy
» ilz aient cause d'eulx malcontenter : car leur malcontentement
» nous pourroit trop préjudicier pour le temps advenir, et ce ne

[1] *Corresp. de Charles VIII*, n° 193, p. 214-215.

» seroit pas la manière de les entretenir en doulceur et amour
» soubz nous, comme de tout nostre pouvoir desirons faire [1]. »

Le même jour (31 août), autre lettre de même nature pour Fougères. Charles VIII y vouloit mettre une garnison de francs-archers,
dont La Trémoille redoutait les goûts de pillage : « Au regard de
» la pillerie que dictes qu'ilz feront en ladite ville, faictes-vous en
» bien donner garde et y donnez provision (dit le roi), car tenez-
» vous seur que nous n'en serions pas content et en ferions faire
» telle et si griefve punicion, tant des capitaines que des francs
» archers, qu'il en seroit memoire perpetuel et exemple à tous
» autres [2]. »

Bien plus, en septembre 1488, il confirme les priviléges des
habitants de Fougères ; aux deux foires franches qu'ils avaient
déjà (à la Saint-Léonard et à l'Ascension) il en ajoute une troisième de quatre jours (le mercredi des cendres), pour aider
« à réparer et entretenir leur ville qui a esté grandement
» demolie, tant ès clostures que edifices d'icelle, au moyen du
» siége qui y a esté, et eulx resourdre des pertes et dommaiges
» qu'ilz ont eus à ceste occasion ; — voulans, dit-il, les favoriser
» en leurs affaires, decorer et augmenter ladite ville et donner
» matière de l'enrichir, à ce qu'ilz puissent desormais vivre en
» tranquillité et seureté soubz nostre obeissance [3]. »

Peu de temps après, il confirme aussi les priviléges des Malouins
et leur en donne deux nouveaux, plus précieux que tous les autres :
1° l'exemption de tout service militaire hors de leur ville ;
2° l'exemption « de toutes impositions, péages, travers et devoirs
» quelconques levés ou à lever, tant des marchandises qu'ils amé
» neront dans noz royaume et païs de nostre obeissance que à
» cause des bleds, vins et marchandises qu'ils en tireront et feront
» tirer par mer, eau douce, et par terre en nostre ville de Saint-

---

[1] *Corresp. de Charles* VIII, n° 195, p. 217.
[2] *Ibid.*, n° 197, p. 219.
[3] Arch. Nat. Reg. du Tres. des Chartes, JJ 219, f. 129 v°.

» Malo, et de ce ne seront tenuz aucune chose payer [1]. » C'était faire de Saint-Malo un port franc.

En même temps, il déclare que la rançon de 12,000 écus, tirée des Malouins par La Trémoille à la reddition de cette place, sera considérée comme un emprunt, remboursable sur les recettes royales de Normandie, — et qui fut en effet remboursé [2].

Le 3 septembre, Charles VIII ordonne à La Trémoille et à tous les capitaines de son armée de restituer au sire de Coëtquen, grand-maître d'hôtel de Bretagne, tous les biens qui lui avaient été pris, de l'indemniser de toutes ses pertes, enfin, de tenir la promesse royale faite à ce seigneur, à Angers, quand il y était venu en ambassade [3].

Le 9 septembre 1488, le pauvre duc François II meurt à Coiron, sur la Loire, rongé de chagrins, torturé surtout par l'engagement — inscrit dans le traité du Verger — de livrer sans défense à Charles VIII ses alliés d'hier, les mécontents de France. Pas un d'entre eux n'était encore sorti de Bretagne ni n'en prétendait sortir avant que le duc eût obtenu du roi leur pardon. François II, depuis la paix, avait maintes fois importuné Charles VIII de cette requête. À son lit de mort, sa conscience bourrelée exhale à ce sujet une suprême prière et charge les assistants de la porter au roi. Quelques jours après, le roi l'exauce : le sire d'Albret, le comte de Dunois, le sire de Lescun (ou de Comminge), leurs amis et serviteurs, les serviteurs et amis du duc d'Orléans et du prince d'Orange, entraînés dans leur faction depuis le mois de septembre 1484, obtiennent de la chancellerie des lettres d'abolition, de restitution et de pardon complet, sous l'unique charge de rentrer en France avant le 15 octobre 1488 [4].

[1] Édit du roi Charles VIII donné à La Flèche en octobre 1488, dans le *Recueil des édits, déclarations et arrests rendus en faveur de la ville de St-Malo*, imprimés en 1732, in-4°.

[2] Mém. mss. de Frotet de la Landelle.

[3] *Corresp. de Charles VIII*, n° 198, p. 229.

[4] Arch. Nat., Rez. du Trés. des Chartes, JJ. 219, n°° 196, 197, 198, 202 et 203. — Dans toutes ces lettres, le roi déclare accorder ce pardon et abolition, parce que

Toutes ces mesures semblent indiquer de la part du roi des intentions très-sincèrement pacifiques. Il ne faudrait pourtant pas s'y fier. Car le 31 octobre 1488, Pierre Daux, bailli de la Montagne, capitaine de Fougères pour le roi, l'un des lieutenants de La Trémoille dans la guerre de 1488, écrivait la curieuse lettre qui suit à son général, retiré dès lors — ce semble — dans ses terres de Poitou :

« Monseigneur, le seneschal de Carcassonne [1] passa lundi par icy (c'est-à-dire par Fougères), et s'en va par devers Monsr de Rohan, et me bailla unes lettres du roy, lesquelles je vous envoye... Le roy envoye ledit seneschal pour dire à Monsr de Rohan qu'il ne se die plus duc de Bretaigne [2], mais que s'il y a droit il luy sera gardé. Et m'a dit que le roy prétend droit en la duché, et à ceste cause fait revenir 1,200 Souysses et fait mettre sus 2,000 arbalestriers et des gens d'armes le plus qu'ilz en pourront trouver : et, à ce que m'a dit ledit seneschal, sont deliberez d'uler en basse Bretaigne et mener artillerie quant y eulx [3], et si les estrangiers ne sont vuidez, d'essaier de les faire vuider par force. Monsr de Champeroux, le seneschal de Carcassonne et le seneschal de Toulouse [4] ont la charge. Ledit seneschal (de Carcassonne) m'a dit qu'il avoit grant vouloir que vous l'eussiez, *mais il y en a qui ne l'ont pas voulu.* Vous n'y perdez guères, car s'ilz y vont mal accompaignés, ilz s'en pourroient bien repentir.

» Je avoys envoyé une trompete à Vennes, feignant chercher des

---

« par pluseurs foiz nostre feu cousin le duc (de Bretagne) nous avoit de ce escript et fait requérir par ses ambassadeurs, et encores à son trespas ordonna et chargea tres expressement à aucuns de ceulx qui estoient à l'entour de luy nous en supplier et requerir de rechieff. » *Ibid.*, f. 116 v°.

[1] Claude de Montfaucon, l'un des principaux lieutenants de La Trémoille dans la campagne de 1488.

[2] Il prétendait que sa femme Marie de Bretagne, fille du duc François Ier, devait hériter du duché après la mort du duc François II.

[3] Tel est le texte imprimé ; il faut probablement lire « quant et eux », c'est-à-dire « avec eux. »

[4] Gaston du Lyon.

prisonniers, qui arriva yer et a demoré cinq jours avecques eulx [1], qui m'a dit qu'il a veu bien 2,000 Espaigneux, que de pié que de cheval, qui sont logez tout autour Vannes, et y a des Allemans logez dedans Vannes ; et dit, en s'en venant, qu'il passa à Malestret, où il trouva bien 1,000 Allemans, et dit qu'il rencontra leur payement qu'on leur menoit. Je ne sçay comment ilz (les capitaines français) l'entendent de faire la guerre et mener l'artillerie, car si les autres (les Bretons) se mettent en troys ou quatre places, ilz feront chauffer la cire [2] tout au long de cest yver et à peine tiendra-t-on gens d'armes s'ilz ne sont logez à couvert. Ilz (les capitaines français) font leur compte de mener 5 ou 600 hommes d'armes, mais d'icy à deux moys n'en sauroyent tirer 300 aux champs [3]. La trompete dit qu'il vit fondre un gros canon et une grosse coulevrine, et qu'ilz (les Bretons) avoyent des moles [4] pour en fondre des autres ; et à ce que je puys entendre, ilz (les Bretons) ne sont point deliberés de rien faire si ce n'est à leur avantage, s'ilz ne le font par force [5]. »

XXIV

Cette lettre prouve que Charles VIII était décidé dès lors à déchirer le traité du Verger en réclamant par les armes ses prétendus droits sur la Bretagne, dont le jugement, d'après ce traité, aurait dù être l'objet d'un arbitrage. Suivant le rapport du trompette du capitaine de Fougères, les Bretons ne s'abusaient point sur les intentions du roi; la paix à leurs yeux n'était qu'une trève pendant laquelle ils s'apprêtaient activement à repousser de nouvelles attaques. Si le trompette avait bien vu, loin d'expulser leurs auxiliaires étrangers, les Bretons devaient en avoir reçu de nouveaux d'Espagne et de Flandre depuis la journée de Saint-Aubin. Il est sûr du moins que, dès le 7 octobre 1488, Anne de Bretagne avait fait demander du

[1] Avec les prisonniers, et par conséquent parmi les Bretons.

[2] Traîner les choses en longueur.

[3] Mettre en campagne.

[4] Moules.

[5] *Corresp. de Charles VIII.* n° 232, p. 260-261.

secours au roi des Romains [1]. Les bourgeois de Rennes continuaient
de fondre des canons, de creuser des fossés, de remparer leurs
murs. Tout se préparait pour une nouvelle guerre. Les obstacles in-
diqués dans la lettre qu'on vient de lire la retardèrent jusqu'en
janvier 1489. Mais ce qui étonne surtout dans cette lettre, c'est de
voir que La Trémoille ne devait point diriger cette future campagne.
Moins de trois mois après Saint-Aubin on l'écarte, on lui reprend
ce commandement devenu entre ses mains l'instrument d'une suite
ininterrompue de succès. Ses lieutenants, dont on prétend faire des
généraux, le réclament pour chef; mais, suivant le capitaine de
Fougères, il y en a d'autres qui s'y opposent.

D'où venait cette opposition ?

Dans la guerre de 1488, le génie militaire de La Trémoille s'était
révélé, non-seulement par cette série de triomphes, mais d'abord
par la sûreté du coup d'œil, l'habileté du plan, l'enchaînement logique et la bonne conduite des opérations : pas un jour perdu, pas
une chance négligée, pas une fausse marche. Ces qualités éclataient
surtout par la comparaison naturelle de cette campagne si féconde
en résultats avec celle de l'année précédente, qui avait exigé plus
d'hommes, d'efforts, de ressources de toute sorte, et même la présence du roi, pour ne laisser après elle qu'un demi-désastre.
La supériorité militaire de La Trémoille, vis-à-vis de tous les autres
capitaines français, en ressortait clairement. Cette grande situation,
conquise de haute lutte par le coup d'essai d'un général de vingt-
sept ans, devait presque forcément exciter l'envie.

Près du roi il y avait un habile homme, alerte, fin courtisan, Louis
Malet, sire de Graville, amiral de France. La faveur dont l'hono-
rait Mme de Beaujeu, plus que son mérite personnel, avait fait
de lui un vrai ministre de la guerre (titre qui n'existait pas
encore). Graville craignit de se voir supplanté par La Trémoille. Il
avait entretenu avec lui, pendant la campagne, une correspondance
où souvent perce la note ironique, mais dont le ton dominant est

[1] D'Argentré, *Hist. de Bret.*, édit. 1618, p. 973-974.

amical. Après les deux grands succès de La Trémoille — Saint-Aubin et Saint-Malo — le ton de Graville change et tourne à l'aigre. Ses deux dernières lettres, du 17 et du 28 août 1488, sont celles d'un homme obligé de garder des mesures, mais brouillé à fond [1]. Le ton du roi vis-à-vis de son général se modifie dans le même temps et dans le même sens : les deux lettres du 31 août, dont on a déjà parlé, en faveur des habitants de Fougères et de Saint-Malo, sont d'un style impérieux, presque menaçant [2]. Le même jour, Charles VIII prend une autre mesure qui a presque, à l'égard de La Trémoille, un caractère de méfiance. Au lieu de lui laisser le soin — qu'il avait pris jusque-là — de régler les difficultés soulevées entre les vainqueurs par le partage du butin et des prisonniers de Saint-Aubin et de Saint-Malo, le roi prescrit de mettre tout en sa main pour en décider lui-même souverainement [3]. En même temps il donne à Graville le gouvernement de Saint-Malo (pure sinécure). Il est facile, après cela, de reconnaître la main qui, en octobre 1488, fit refuser à La Trémoille la direction de la nouvelle guerre de Bretagne.

L'oubli des intérêts ou plutôt des droits du vainqueur de Saint-Aubin alla plus loin. Il avait fait, durant son commandement, pour les nécessités urgentes de la guerre, de grandes dépenses : sa femme s'était vue obligée d'engager ses bijoux pour lui envoyer de l'ar-

[1] *Corresp. de Charles* VIII, nᵒˢ 190 et 194, p. 211, 215.

[2] « Et pour ce pourvoiez-y (dit le roi) ainsi qu'il appartient, nous donnons merveilles que ne l'avez autrement entendu, et ne serions pas content qu'il y eust faulte. » *Ibid.*, nᵒ 195, p. 217.

[3] « Cher et féal cousin, plusieurs capitaines et gens d'armes se sont plaints à nous de la manière qui a esté tenue jusques icy touchant les prisonniers, morts, butin et toutes autres choses qui y doivent estre mises, tant de ce qui fut pris et gagné à la bataille de Saint Aubin que de tout ce qui depuis a esté fait à Saint Malo, nous requérans y donner provision. A ceste cause, nous avons ordonné que le tout sera mis et arresté en nos mains, quelque part qu'il y en ait, ensemble les deniers qui jà en sont venus et peuvent venir... Et pour ce donnez y ordre en manière que ce que en avons ordonné et appointé soit tenu et gardé, car s'il y en a aucuns qui soient trouvés faisans le contraire, nous n'en serons pas contents et voulons qu'il n'y ait point de faute. » *Ibid.*, 196, p. 218.

gent [1], ses avances au roi pour cet objet dépassaient 12,000 livres (plus de 400,000 fr. de nos jours). En novembre 1488, on ne lui avait pas encore remboursé un sou ; il était contraint d'écrire au roi pour se rappeler à lui et lui recommander aussi ses vassaux du Craonnais fort maltraités par la guerre. Le roi lui répondait le 17 novembre : « Je sçay bien que vous avez faict des despenses et vos » subjets des pertes ; *mais aussi vous avez eu de l'honneur large-* » *ment, qui est demy récompense de la mise que vous y avez faicte.* » Toutefois je parfournirai *le demourant* en manière que voz en- » fans ne se sentiront point de ce dommaige [2]. »

C'est seulement l'année suivante que le roi assigna sur ses recettes une somme de 12,000 livres à La Trémoille « pour *partie de la* » *récompense des fraiz et despenses* qu'il a convenu audit sei- » gneur faire l'année passée (1488) en l'armée de Bretaigne dont il » estoit chef [3]. » Aux termes de la lettre de Charles VIII du 17 novembre, cette somme de 12,000 livres ne représenterait guère que la moitié des avances de La Trémoille, l'honneur l'ayant indemnisé du surplus.

En 1489, La Trémoille n'eut plus de charges de ce genre. La guerre de Bretagne recommença, il n'y parut pas ; il l'eût vraisemblablement finie cette année même, son absence la fit durer deux ans de plus. Pour la Bretagne, deux ans de plus de ravages et de souffrances, mais aussi deux ans de plus d'une résistance qui accrut son honneur. Pour la France, deux ans de plus de lourds sacrifices en hommes et en argent, fécondés par des pratiques d'une loyauté douteuse, — en un mot une perte sèche.

XXV

Par un jeu du sort plus imprévu qu'étonnant, moins d'un siècle après la mort du vainqueur de Saint-Aubin [4], sa famille avait pris

[1] *Ibid.*, n° 217. p. 243.
[2] *Ibid.*, n° 200. p. 222.
[3] *Ibid.*, n° 234, p. 264.
[4] Louis de La Trémoille fut tué en 1524, à la bataille de Pavie.

place à la tête de l'aristocratie bretonne. La baronnie de Vitré, entrée
dans cette maison par suite d'une alliance au commencement du
XVIIe siècle, lui donnait, alternativement avec Rohan, la présidence
des États de Bretagne pour l'ordre de la noblesse. L'héritier du des-
tructeur de l'indépendance bretonne était désormais le défenseur-
né des libertés de Bretagne. Dans ce nouveau rôle, les La Trémoille
montrèrent envers cette province la même loyauté, la même fidélité au devoir que leur illustre aïeul envers la couronne de France
sur le champ de bataille de Saint-Aubin. Jusqu'à la révolution, ils
rendirent aux Bretons les plus grands services; ils se firent chez
eux un renom de courtoisie, de droiture et d'honneur, qui dure
encore.

En publiant la *Correspondance de Charles VIII*, si utile pour
éclairer les annales bretonnes, M. le duc de La Trémoille n'a fait
que continuer, à l'égard de la Bretagne, une tradition de famille.
Comme Breton, nous tenions à le reconnaître. La meilleure manière
de le faire était, croyons-nous, de montrer — en partie du moins —
les précieuses ressources, les grandes lumières que cette publication fournit à l'histoire.

APPENDICE

------

§ 1er

A la journée de Saint-Aubin, les Bretons perdirent, on le sait,
cinq à six mille hommes tués, blessés ou prisonniers. Plusieurs,
parmi ces derniers, étaient dans une situation critique. Une fois le
combat fini, les Anglais, Allemands, Espagnols, Bretons mêmes,
faits prisonniers de guerre, n'avaient rien à craindre pour leur vie ;
elle était sous la sauvegarde du droit des gens ; le pis qui pût leur
advenir était d'être retenus captifs plus ou moins de temps et
plus ou moins bien traités jusqu'au jour où ils payeraient leur rançon. Mais les Français, sujets du roi, qui avaient quitté son obéissance et son service pour combattre contre lui, et que le sort des
armes livrait vivants aux mains des troupes royales, leur cas était
autre : le roi avait le droit de les faire juger, condamner, exécuter
comme rebelles et traîtres. Dans cette catégorie beaucoup étaient
de grande naissance, en tête le duc d'Orléans et le prince d'Orange.
Sans doute ces deux derniers, — celui-là beau-frère du roi et celui-
ci du sire de Beaujeu, — seraient réservés aux *douceurs* prolongées
de la prison d'État ; les autres, rien ne les garantissait contre l'échafaud.

14

Du moins, si l'on en croit un récit quasi-contemporain, on ne
les eût pas fait languir, on les aurait immolés le soir de la bataille,
avec des circonstances pittoresques. Voici, à cet égard, les termes
du dernier auteur qui se soit occupé avec détail de la bataille de
Saint-Aubin du Cormier :

Le soir, le sire de la Trémouille invita les deux princes français à un
splendide repas. Il fit asseoir le duc d'Orléans au dessus de lui et le prince
d'Orange à ses côtés ; les autres capitaines qui avaient été faits prisonniers prirent place autour de la table. A la fin du repas, deux pères Cordeliers entrèrent : « Messeigneurs, dit La Trémouille en s'adressant aux
« deux princes français, vous êtes au dessus de moi ; c'est au roi, mon sou-
« verain maître, à décider de votre sort. Quant à vous, dit-il aux autres
« convives, qui avez abandonné la cause du roi pour le combattre, pré-
« parez-vous à mourir ! » — Une telle scène parle assez pour que nous
n'y ajoutions aucune réflexion. C'est une peinture horrible d'une époque
heureusement loin de nous. Pour la bien juger, il faut se reporter aux
temps qui en étaient témoins [1].

A part les réflexions *prudhommesques* qui servent ici de conclusion, on retrouve le fait, presque en pareils termes, dans toutes les
histoires un peu développées de France ou de Bretagne, publiées
depuis deux siècles. Nul ne veut renoncer à cet ornement ; nul
n'émet de doute sur cette scène de mélodrame qui impute à un
général français — et l'un des plus braves — une exécution en
masse de prisonniers, sans jugement, hors la chaleur du combat,
c'est-à-dire une vraie boucherie rehaussée de guet-apens. Étrange
commentaire au nom de *chevalier sans reproche* que La Trémoille
reçut de ses contemporains et garda après sa mort.

<h2 style="text-align:center">§ 2</h2>

Il y avait cependant bien lieu de douter. Des sept ou huit chroniqueurs qui parlent de la bataille de Saint-Aubin, un seul rapporte
cette exécution dont on ne trouve nulle trace ailleurs. Pourtant, si

---

[1] *Dictionnaire historique de Bretagne*, par Ogée, nouv. édit. (1853), t. II, p. 702,
note ; addition à l'article *Saint-Aubin du Cormier*. Cette addition est de M. A.
Marteville.

elle eût eu lieu, elle eût fait grand bruit et elle eût été connue partout, puisqu'elle aurait mis en deuil les plus grandes familles. Encore si l'unique témoin de cette étrange histoire présentait, du côté de l'exactitude, des garanties spéciales ! Nullement. C'est un anonyme, auteur d'une *Vie de Louis XII* en latin, écrite longtemps après l'événement [1], rhéteur jusqu'au bout des ongles, très-préoccupé — comme on dirait aujourd'hui — de ciseler sa phrase et de faire miroiter son style, très-peu de rechercher la vérité [2].

Les chroniqueurs bretons, Bouchart et d'Argentré [3], omettent

[1] Du moins après l'avénement de Louis XII au trône de France, en 1498. Godefroy a publié cette vie dans son *Hist. de Charles VIII*, 1684, in-fol. p. 253-277. — L'auteur de cette vie est Nicolas Barthélemy de Loches, prieur de N.-D. de Bonnes-Nouvelles à Orléans. Dans son excellent *Eclaircissement sur les premières années du règne de Charles VIII*, Lancelot relève chez cet auteur des erreurs grossières et dit que c'est « un mauvais guide », qui « avait en plus d'attention à la pureté du style et à imiter Tite-Live dans la composition de harangues imaginaires, qu'à l'exactitude de l'histoire. » (*Mémoires de l'Acad. des Inscriptions*, 1733, in-4°, t. VIII. p. 711.)

[2] Voici d'ailleurs le texte même de l'auteur. Immédiatement après le récit de la bataille et de la prise du duc d'Orléans, il continue :

« Rediit, fugatis fusisque hostibus, in hospitium Trimollius, armisque depositis, ciba laborem dempturus, mensis adstratis. Aurelium (le duc d'Orléans) honoratiore super se loco, Oreugium (le prince d'Orange) a latere discumbere facit. Ipse ex adverso sedet. Jam ultima mensa adponebatur, cum duos Franciscanos cœnaculum ingredi jubet. Omnes timor invadit; et præsentem mortem opinati illos ad se perductos, qui anteactæ delicta vitæ audiant, arbitrantur. Conticuere omnes, metu magis quam modestia, cum extemplo Trimollius assurgens ita concionatur : « De vobis, principes, neque mihi potestas est, neque, si esset, illam in vos sum exerciturus : ad regem a me judicium defero. Vos autem, milites, qui huic bello materiam quantum in vobis fuit, rupta fide, fracto sacrosanctæ militiæ sacramento, præbuistis, hodie læsi imperii crimen capite luetis. Et si quid est quod conscientiam remordeat, habete Fratres hos. » Necdum finierat, cum repente damnatorum cum lachrymis clamor, cum ejulatu preces exaudiebantur, rogantium principes, quorum gratia in id discrimen venissent, ut ei mortem averterent et depr carentur supplicium. Commotis tanto judicio principibus neque consilium neque verba neque animus suppeditabant. Non multum absimiles his, a quibus rogabentur, pœnas daturis. Sumpto de damnatis supplicio, Trimollius principes cum bona militum manu in Galliam transmittit. » — Godefroy. *Histoire de Charles VIII*, 1684, in-fol., p. 273-274.

[3] Alain Bouchart vivait au temps de cette bataille et a recueilli ses informations de la bouche des personnages français et bretons qui y avaient pris part (Voir édit. 1532, f. 209 r°). D'Argentré naquit en 1519, mais pour la bataille de Saint-Aubin, il suit une relation contemporaine, aujourd'hui perdue, qui avait été dressée sous les yeux de la duchesse Anne de Bretagne, en octobre 1488. (Voir *Hist. de Bret.* édit. 1618, p. 973-974.)

absolument cette sanglante légende du souper de La Trémoille ; ils étaient cependant bien loin de ménager les ennemis de leur race et n'eussent pas manqué, s'ils l'avaient pu, d'imprimer au vainqueur un tel stigmate.

Jaligny, l'historien attitré de cette guerre, le secrétaire du sire de Beaujeu, initié jour par jour, comme son maître, à tous les événements de la campagne, non-seulement ne souffle mot de la légende (on pourrait suspecter son silence), mais son langage la réfute implicitement :

Toute cette journée (le 28 juillet 1488), les troupes du roy, dit-il, gardèrent le champ et poursuivirent leurs ennemis ; et aussitost, par les postes et courriers, firent sçavoir ces bonnes nouvelles au roy qui estoit lors à Angers... *Le lendemain*, le seigneur de la Trimouille et les capitaines du roy se rafraîchirent à Saint-Aubin du Cormier, et donnèrent des ordres à la garde de Monsr d'Orléans et du prince d'Orange, et firent visiter les blessés et inhumer les morts, *en attendant* des nouvelles et les ordres du roy [1].

Au lieu de rentrer le soir à son logis (*hospitium*), c'est-à-dire à Saint-Aubin, comme le dit la *Vie latine de Louis XII*, La Trémoille passa la nuit avec ses troupes sur le champ de bataille, le lendemain seulement il revint à Saint-Aubin se rafraîchir et attendre les ordres du roi. Le souper du 28, tel que le raconte la *Vie de Louis XII*, est donc impossible, et La Trémoille, qui attendait le 29 les ordres de Charles VIII, n'avait pu, la veille, égorger les prisonniers français sans ordres du roi, ou plutôt — nous allons le voir — contre tous les ordres reçus de lui jusque-là.

A s'en tenir aux documents connus et imprimés depuis deux siècles, pour peu qu'on eût pris soin de les rapprocher, de les contrôler les uns par les autres, il y avait donc lieu déjà de révoquer en doute la légende du souper de La Trémoille.

La *Correspondance de Charles VIII pendant la guerre de Bretagne* lui porte le dernier coup.

---

[1] Dans Godefroy, *Hist. de Charles VIII*, p. 54.

§ 3

Ce n'est pas que le roi, dans ses lettres, se montre tendre à l'égard de ses sujets assez maladroits pour se faire prendre en combattant contre lui : il ordonne de ne pas les mettre à rançon, de les tenir à sa disposition pour être envoyés soit devant la juridiction civile (le Parlement), soit devant la justice militaire (le prévôt des maréchaux), et de les faire exécuter s'ils sont condamnés. C'est là si l'on veut, le langage d'un rude justicier. Mais violer tous les principes de justice, d'humanité, en faisant massacrer sans jugement, après le combat, des prisonniers quelconques, jamais Charles VIII n'a eu cette idée.

Ainsi, au début de la campagne de 1488, le 2 avril, il écrit à La Trémoille :

S'il y a nulz François ou autres qui autresfoys nous aient fait le serement... s'il s'i en treuve, *les baillerez au prevost des mareschaulx;* ce sera très-bien fait que d'eulx et de leurs samblables, quant il en sera prins, *on en face bonne justice* [1].

Peu de temps après, le 23 avril, La Trémoille prend par composition la ville de Châteaubriant où se trouvaient plusieurs de ces François passés aux Bretons, entre autres le gouverneur de la place, Odet d'Aydie, ancien sénéchal de Carcassonne, qui fut retenu comme otage et envoyé à Angers, mais placé sous la sauvegarde de la capitulation. Le roi écrit à ce sujet le 28 avril:

Nous avons veu le double des lectres que ce bon sr Odet et les autres prisonniers que vous avez envoyez à Angiers ont escriptes au duc (de Bretagne) et à nostre frère d'Orléans, là où ilz moustrent bien qu'ilz ne sont guère saiges, car ilz siguent lectres de leurs mains d'eulx trouver à la bataille contre nous. Nous avons espérance de leur bailler quelque jour la bataille qu'il leur appartient, car c'est contre le maistre des euvres qu'elle leur est deue. *Si la cour de Parlement les tenoit avec ceste lectre,* nous ne faisons point de doubte qu'ilz ne meetroyent guères

---

[1] *Correspondance de Charles VIII,* n° 28, p. 31.

de les envoyer à ladicte bataille. Or çà, nous avons espérance que nous en aurons quelque jour la raison [1].

Le roi voulait faire punir rigoureusement ses sujets rebelles, mais en observant les formes de la justice ; quand quelqu'un d'entre eux tombait directement entre ses mains, il prêchait d'exemple.

Au commencement de juillet 1488 (du 10 au 12), Louis des Barres, chambellan du duc d'Orléans, accompagné de quelques Français et d'une bande de cavalerie bretonne, partit de Nantes, franchit la frontière angevine et courut le pays, pillant, tuant, rançonnant, jusqu'à trois lieues d'Angers, au Plessis-Macé, où, tombé dans une embûche, il fut battu et pris (le 12 juillet). Certes, l'insolence était grande de venir insulter le pays, la ville même (Angers) où le roi faisait alors résidence ; pas de doute sur la nationalité de Des Barres, sur sa qualité de sujet français, sur sa rébellion ; le crime était flagrant. Le roi voulait immédiatement en faire un exemple. Il ne s'en crut pas moins obligé de l'envoyer d'abord, pour être jugé, devant le prévôt des maréchaux, et ce n'est qu'après sa condamnation qu'il le fit décapiter à Saumur en place publique, avec deux de ses complices. Témoin la curieuse complainte, composée et imprimée au moment même, sur la mort de ce malheureux Des Barres :

> Il fut pris moult subtilement
> Des Françoys qui l'ont bien saisy.
> Au Roy l'ont mené promptement,
> Dont son cueur fut moult resjouy ;
> *Puys manda venir devant luy*
> *Son grand provost des mareschaulx,*
> Disant : Depeschez-moy cestuy,
> Car il nous a fait trop de maulx.

Et Des Barres sur l'échafaud s'écrie :

> *Justice* a sur moy mis la main
> Pour à mort mon corps délivrer [2].

[1] *Ibid.* n° 60, p. 68.

[2] Cette pièce, intitulée *Le Testament de Monseigneur des Barres, capitaine des Bretons*, suivie d'une seconde intitulée *La prise de Fougières*, forme une plaquette de 7 ff. in-8 goth. de toute rareté, fort recherchée des bibliophiles, et mériterait d'être réimprimée avec un commentaire explicatif qui en ferait un document historique fort intéressant.

Charles VIII annonça lui-même cette *justice* à La Trémoille le 15 juillet, et le 18 il lui repète encore [1] :

Ayez souvenance de nos sujets, s'ils tombent entre vos mains, *par ainsi que plusieurs fois vous avons escrit* [2].

Or ce qu'il avait écrit, c'était de ne pas les mettre à rançon, de les tenir à la disposition de la justice, jamais de les massacrer sans jugement.

Tels étaient sur ce sujet les ordres du roi à la veille de la bataille de Saint-Aubin. Loin d'être enclin à aller au-delà, La Trémoille était souvent resté en deçà ; il en avait été repris par Charles VIII, qui un jour lui dit rudement :

Nous trouvons bien estrange que vous, nostre cousin, avez fait dissimuler de faire la justice de ceulx que vous aviez faict meotre ès mains du prévost des mareschaulx. pour donner loisir aux gens de nous les venir requérir jusques icy, car ce n'est pas la manière [3].

Nous verrons des reproches de ce genre après la journée de Saint-Aubin. Venons aux lettres du roi qui s'y rapportent spécialement.

§ 4

Au moment où se livrait cette bataille, Charles VIII se trouvait à Angers. Le 29, il apprit les événements de la veille par trois courriers : le premier, un chevaucheur de l'écurie du roi, arriva à huit heures du matin ; le second, le page de La Trémoille, « environ » quatre heures après midy, sans aucunes lettres ; toutefois », écrit le roi aux capitaines de l'armée française, « il nous en devisa assez » bien. Et tantost après, par la poste, receumes les lectres que entre » vous tous nous escripviez, lesquelles nous resjouirent fort. » Après avoir reçu ces trois courriers, le roi ne savait encore rien du nombre ni du sort des prisonniers français, car après avoir parlé de la capture du duc d'Orléans, il dit à La Trémoille dans cette même lettre, qui est du 30 juillet :

Vous ne nous avez point escript des autres prisonniers ; toutesfois gar-

---

[1] *Correspondance de Charles VIII pendant la guerre de Bretagne*, nº 159. p. 178.

[2] *Ibid.*, nº 164, p. 185.

[3] *Ibid.*, nº 22, p. 24.

dez vous bien que on en mecte ung seul à rançon, ne qu'on n'en laisse
point aller, mais les faictes bien tous garder [1].

Cependant, comme il fallait au plus quatorze heures pour aller de
Saint-Aubin à Angers [2], le page de La Trémoille, arrivé à quatre
heures après midi, n'était parti que vers deux heures du matin,
c'est-à-dire après le souper et la prétendue exécution des prisonniers ; si ce massacre avait eu lieu, il eût été le premier à le savoir;
le sachant, il n'aurait pu le cacher au roi. Or, il ne lui en avait rien
dit, la lettre du roi le prouve et prouve ainsi la fausseté du fait.

Il y a mieux. Le roi reçut, le 30 juillet, de nouvelles lettres de
La Trémoille, contenant des explications sur les prisonniers ; voici
ce qu'il répondit à ces lettres :

Cher et féal cousin, nous envoyons devers vous nos amez et féaulx con-
seilliers, le s* de Morvillier, nostre chambellan, et Jacques de Silly, cappitaine de nostre garde, tant pour amener nostre frère d'Orléans, le prince
d'Orenge, Aymar de Prie, George d'Auxy, Walleran Goujat, Tynteville, que
autres telz que leur avons chargé. Si voulons et vous mandons... que leur
faictes bailler lesditz prisonniers, entre les mains de qui qu'ilz soient; et
gardez, toutes excusacions cessans, qu'il n'y ait point de faulte [3].

On a là, après le duc d'Orléans et le prince d'Orange, le nom des
prisonniers français les plus compromis : ils n'avaient pas été mas-
sacrés le 28 juillet, puisque le 30, le roi informé de la situation envoyait à Saint-Aubin deux hommes de confiance pour les lui amener. Pourtant, La Trémoille n'ignorait pas le courroux du roi contre eux. Prenons pour exemple le plus compromis de tous, le
premier nommé, Aymar de Prie, dont nous avons retrouvé l'histoire.

Il était originaire de Bourgogne. L'année précédente (1487), il
avait guerroyé en Bretagne dans l'armée française et tenu garnison
à Vannes pour le roi. Puis retourné dans son pays, du côté de Châ-
lon, il y avait levé une centaine de cavaliers et était venu avec
eux offrir ses services à Charles VIII, dans l'espoir d'être *appointé*

---

[1] *Ibid.*, nᵒ 175, p. 196.

[2] *Ibid.*, nᵒ 150, p. 177. Charles VIII se plaint que les lettres de La Trémoille
aient mis quatorze heures pour venir de Fougères à Angers, « qui est une très mau-
vaise diligence. » Or il n'y a pas plus loin d'Angers à Saint-Aubin qu'à Fougères.

[3] *Ibid.*, nᵒ 176, p. 197.

par lui, c'est-à-dire incorporé avec sa bande dans les compagnies
des ordonnances du roi. Il se croyait sûr de réussir, grâce aux lettres de recommandation que lui avait données le marquis de
Hochberg, maréchal de Bourgogne, pour le sire et pour la dame de
Beaujeu, alors tout-puissants, et pour leur favori, l'amiral de Graville. Malgré ces recommandations, il demeura à la cour deux mois
sans rien obtenir, toujours chargé de l'entretien de sa bande. Fati-
gué de cette dépense, piqué de dépit, il quitta la France un beau
matin avec ses cavaliers et s'engagea au service du duc de Bretagne [1]. Le roi, très-irrité, écrivit le 5 mai 1488 à La Trémoille :

Ce saige homme messire Aymar de Prye s'en est allé rendre à Nantes et
vingt ou trente laquaiz [2] quant et luy. Vous entendez bien que c'est le voyaige
des folz; et qui ne leur donnera l'exemple que nous avons dit à vous, nostre cousin, et que nous avons fait savoir à tous, nous n'aurons mès en
pièce le bout de ceste guerre, car le royaulme est si grand que qui ne fera
pas paour aux folz, il ne s'i en pourroit que trop assembler. Et pour ce,
gardez que, autant que vous en pourrez prendre en voz courses de noz
subjetz et qui nous firent service, faictes les baillier et délivrer incontinent au prévost Postel, et nous ferons bailler 20 escuz pour homme
d'armes et 10 escuz pour archier [3].

Malgré ces menaces, le roi, après Saint-Aubin, ne livra au prévôt
ni Aymar de Prie ni ses compagnons; il les garda longtemps en
prison, leur laissa le temps de venir à résipiscence, et finit par donner à ce « saige homme Aymar de Prie » lui même, en juillet 1489,
des lettres d'abolition.

§ 5

Non-seulement — comme nous venons de le prouver — La Trémoille ne fit point gorger de vivres et massacrer au dessert les

---

[1] Voir les lettres d'abolition données à Aymar de Prie. en juillet 1489. Arch. Nat.
Reg. du Trés. des Chartes, coté JJ 220, f. 69 v°.

[2] Les *laquiz* ou *laquais* étaient des soldats mercenaires. gens de pied, ordinairement armés d'arbalètes; voir du Cange au mot *Laciavoes*. Le roi était à cet égard
mal informé, car, d'après ses lettres d'abolition. Aymar de Prie passa en Bretagne
«accompagné de cent à six vingts hommes de cheval. »

[3] *Corresp. de Charles VIII, pendant la guerre de Bret.*, n° 68, p. 80.

prisonniers français de Saint-Aubin du Cormier, mais il fut très-négligent à exécuter les ordres du roi qui défendaient de les mettre à rançon. Mis à rançon, ils étaient admis au droit des belligérants et garantis contre les conséquences — au moins les plus dangereuses — de leur rébellion. Le roi s'en plaignit, le 6 août, à son général :

Cher et féal cousin, nous avons esté advertiz que aucuns de voz cappitaines et plusieurs gendarmes et autres de nostre ost et armée mettent à rançon voz subjetz qui ont esté prins, pour après les en laisser aller, qui est chose bien estrange et que ne vouldrions pour rien souffrir. A ceste cause nous voulons et vous mandons très-expressément que vous dites et défendez de par nous aux dessusditz cappitaines et à tous autres que, sur tant qu'ilz craignent nous désobéir et desplaire, ilz se gardent bien de délivrer et laisser aler de nozditz subjectz, à quelque rançon qu'ils les aient mis, jusques à ce que premièrement ils nous en aient advertiz et que leur mandions de nostre plaisir ou vouloir sur ce [1].»

Nous n'insisterons pas. Ce serait assurément superflu. Les faits et les témoignages que nous venons de produire, ruinent jusqu'en sa racine l'odieuse et cruelle légende du souper de Saint-Aubin[2].

Faut-il espérer, pour cela, voir cette fable disparaître de l'histoire courante ? Hélas ! non. Les peintres qui badigeonnent nos annales à l'usage du vulgaire, aiment trop les scènes à effet. Du moins les esprits critiques et amis de la vérité sauront désormais à quoi s'en tenir.

[1] *Ibid.*, n° 183, p. 201.

[2] Pourtant, comme il n'est guère de légende qui ne soit issue d'un fait vrai, démesurément grossi ou défiguré, voici, croyons-nous, la source de celle-ci. Après avoir raconté que le duc d'Orléans, prisonnier, fut menacé par une émeute de soudards dans le logement où on l'avait enfermé à Saint-Aubin du Cormier, Alain Bouchart ajoute : « Puis fut devant ledit logis dressé ung hault eschauffault, sur lequel furent descolez celuy jour deux hommes d'armes françoys qui Bretons s'estoient renduz et furent prins à ceste deffaicte, dont l'un avoit nom Jehan le Pen et estoit d'Aulneau près la Baulse. » (*Chron. de Bret.*, édit, 1532, f. 209 r°). Mais ici il s'agit évidemment d'une exécution publique après jugement, comme celle de Louis des Barres à Saumur, dont nous avons parlé. Et le soin que prend Bouchart de relever ce fait assez peu notable, nous est garant de l'empressement qu'il eût mis à rapporter l'histoire du souper et de l'exécution en masse sans jugement, si cette histoire n'était une fable.

ÉCLAIRCISSEMENTS TOPOGRAPHIQUES

M. de Courville, propriétaire de la terre de Moronval ou Moroval [1],
dont le sol formait une partie du champ de bataille de Saint-Aubin,
a bien voulu, après avoir pris lecture de notre travail, nous adresser
les deux lettres suivantes qui contiennent des renseignements d'un
grand intérêt, dont nous le remercions vivement.

I

« *Fougères, 2 avril 1877.*

» MONSIEUR,

» M. Maupillé m'engage à vous adresser les renseignements que
je possède sur le théâtre de la bataille de Saint-Aubin du Cormier ;
ils concordent du reste avec tout ce que vous dites dans votre travail publié par la *Revue de Bretagne et de Vendée.*

» La chasse dura jusqu'au village de Mazière, en landes de
Barbase, — dit la *Chronique* de J. Molinet (III, 396).

» Le bois de *Barbasset* et la *champagne* [2] de Barbasset, lande,
maintenant bois, figurent au cadastre de la commune de Mézières,
sous les n⁰ˢ 714 et 715 de la section D. Ils font partie de la terre
de la Giraudais ; sur la carte d'état-major n° 76, ils figureraient
au dessous de Launay Richer, au N.-E. du point culminant numé-
roté 121, où (page 58) vous placez, avant l'action, le gros de l'armée bretonne.

» D'après les renseignements que j'ai recueillis, il semble que
sous le nom de landes de Barbasset on comprenait autrefois un

---

[1] *Moroval* est l'orthographe actuelle, *Moronval* celle du siècle dernier, d'après les
plans des forêts de Bretagne déposés aux Archives d'Ille-et-Vilaine. — A. DE LA B.

[2] Dans la langue rurale de la haute Bretagne, une *champagne* est une grande pièce
de terre plane et découverte, divisée habituellement en plusieurs parcelles limitées
par des bornes, au lieu d'être (comme d'ordinaire en ce pays) closes de talus et de
fossés. — A. DE LA B.

espace de terrain bien plus considérable, peut-être tout ce qui s'étend entre le bois d'Usel, celui de la Giraudais et la route de Sens ou les *Croix de Pierre*.

« Le souvenir de ces dernières n'est point éteint dans le pays : on m'a promis de m'en montrer l'emplacement exact. Elles n'étaient pas aussi rapprochées que le plan publié par vous semble l'indiquer [1]. L'une d'elles, près d'Usel, était encore, il y a un demi-siècle, une croix complète ; de l'autre, située près du rocher qui domine la lande d'Usel, il ne restait que le soubassement; on nommait ordinairement cette dernière la *Pierre au Loup*. Toutes deux étaient aussi appelées *les Chevaliers*. Vers 1830, ces deux pierres furent enlevées pendant la nuit, soit parce que l'une d'elles était une croix, soit (c'est l'opinion commune) parce qu'elles étaient limites d'une propriété ou d'un afféagement contesté entre communes ou entre propriétaire et commune.

» On prétend que la route de Saint-Aubin à Sens traversait jadis le bois d'Usel, au nord de la route actuelle. Il serait facile de suivre l'ancien parcours, du moins d'après le garde d'Usel, qui m'a dit aussi connaître dans le bois l'emplacement exact où furent inhumées les victimes. Au *Bézier du Charnier*, on distinguerait encore trois monticules qui recouvrent leurs ossements. La partie du bois de la Chaîne qui borde la route au sud porte maintenant le nom de bois de l'Écot-Sec. Moroval ou Moronval est un afféagement du siècle dernier, je n'ai pu me procurer l'acte d'afféagement; le titulaire était un M. Vedier, celui, je crois, que je trouve ainsi qualifié en 1736 dans son contrat de mariage : écuyer, conseiller du roy, trésorier de France, général des finances de Bretagne, commissaire des guerres. Il passe pour avoir tout créé à Moroval, qui n'était qu'une lande. Mon beau-père, M. Le Beschu de Champsavin, en continuant les défrichements commencés, a, dit-on, trouvé quelques débris d'armes sur les bords du Riquelon, autant que je puis le comprendre, mais sans pouvoir l'affirmer. La tradition veut que les Anglais aient été

[1] Je me suis borné, sur ce point, à reproduire le plan des forêts de Bretagne dressé au XVIIIe siècle. — A. DE LA B.

inhumés dans l'avenue de la Giraudais, non loin de Barbasset ; c'était la ligne directe de la retraite sur Mézières. En 1566, le seigneur de la Giraudais était Raoul Moustart, écuyer. En 1475-1485, Guillaume Laleman était seigneur de la Hervoye. J'ai eu entre les mains une pièce de 1403 établissant qu'un Richer était propriétaire de la Hellandière ; ce sont encore des propriétaires cultivateurs du même nom qui habitent ce village, limitrophe de Barbasset.

» Je n'ai pu avoir de renseignements sur la Roche-Troolet ; j'espère cependant y parvenir [1].

» Il existe sur les sommets de Moroval, où devait se trouver la droite de l'armée bretonne, une ligne de grosses pierres, longue d'environ 300 mètres. Est-ce une clôture ? elle ne s'explique pas dans cet endroit. Est-ce un retranchement fait à la hâte ? Ce mur grossier couronne la butte qui domine le pli de terrain du Riquelon.

» Au nord de la lande de Mézières se trouve l'étang de la Roussière, que quelques personnes m'ont désigné comme étant le lieu de rencontre des coureurs des deux armées ; était-ce après avoir lu l'article du Dictionnaire d'Ogée ? — Peut-on admettre que les coureurs français battus se soient repliés sur Saint-Aubin et aient signalé en cette ville la marche de l'armée bretonne ? L'étang de la Roussière est à environ une demi-lieue des hauteurs de Moroval et d'Usel.

» M. DE COURVILLE. »

[1] Voir ci-dessus, p. 58, note 3, et ci-dessous p. 118.

II

« *Fougères, 15 avril 1877.*

» J'arrive de Saint-Aubin où une affaire m'avait appelé inopinément. J'ai vu le fermier de Moroval pour la *Roche Troolet*. Je crois, d'après son dire et celui de ses voisins, pouvoir vous l'indiquer exactement. On nomme dans le pays Rocher *Tiolet* ou *Tiolaye* (je ne puis reproduire que la prononciation) la première roche de quartz que l'on rencontre à droite, après avoir suivi la route entre le bois d'Usel et le bois de la Chaine (ou de l'Ecot-Sec), lorsque l'on débouche sur la lande de la Rencontre. C'est un point culminant et un rocher très-pittoresque, il appartient à la lande d'Usel [1] en Saint-Aubin. Je vous envoie une réduction du plan cadastral où j'en marque la situation,...

» M. DE COURVILLE. »

On peut tenir à peu près pour certaine l'identité de la *Roche Troolet* de Molinet et du *Rocher Tiolet* d'aujourd'hui, d'autant que dans l'écriture du XVᵉ siècle les lettres *i* et *r* se ressemblent souvent au point de se distinguer difficilement l'une de l'autre.

Quant à *Barbasset*, c'est le nom même écrit par Molinet, car on peut aussi bien lire *Barbasé* que *Barbase*, et pour l'oreille, entre *Barbasé* et *Barbasset* la différence est imperceptible.

N'est-il pas vraiment curieux qu'une seule chronique nous ait conservé quatre noms tout à fait locaux (le bois de *Selp* pour Usel, *Mazière* pour Mézières, *Barbasé*, *Trolet* ou *Tiolet*), qui fixent avec précision le site du champ de bataille de Saint-Aubin, et que cette chronique n'ait pas été écrite en Bretagne mais à l'autre bout de la France, à Valenciennes? La présence des auxiliaires allemands à Saint-Aubin explique d'ailleurs parfaitement la précision topographique de Molinet.

[1] Comme nous l'avons expliqué plus haut (p. 57), la lande qui porte aujourd'hui ce nom n'est autre chose que la partie septentrionale de la lande de la Rencontre la plus rapprochée du bois d'Usel. — Sur notre plan du champ de bataille de Saint-Aubin (ci-dessus p. 57) le rocher *Tiolet* se trouverait situé entre la lisière ouest du bois d'Usel et la route qui monte au Nord (route de Saint-Aubin à Sens), à mi-chemin environ de l'armée française et de la queue du petit ruisseau de Riquelon. — A. DE LA B.

— La conjecture proposée par M. de Courville (ci-dessus, p. 117) nous paraît une bonne explication du passage de d'Argentré relatif à la rencontre des coureurs des deux armées « sur un estang » (voir ci-dessus, p. 66 note 1). On peut très-bien admettre qu'une partie de la garnison française de Saint-Aubin sortit, le 28 juillet au matin, pour battre la campagne dans la direction de l'armée bretonne, rencontra les coureurs bretons près de l'étang de la Roussière et, refoulée après un combat plus ou moins long, rentra à Saint-Aubin annonçant l'approche de l'ennemi à peu près dans le même temps que l'armée française venant de Fougères y entrait de son côté.

*
* *

M. Maupillé a bien voulu me faire observer que la marche de l'armée bretonne d'Andouillé sur Vieuvy ne s'explique pas suffisamment par la nécessité de suivre une route commode pour se rendre à Saint-Aubin du Cormier (voir ci-dessus, p. 52). Les Bretons auraient dû, dans ce cas, s'arrêter à l'ancienne voie romaine de Jublains à Corseul, vers la hauteur de la route actuelle de Sens à Saint-Aubin du Cormier, cette voie étant encore à cette époque la meilleure qu'ils pussent prendre. Cette observation est parfaitement juste. Mais il faut considérer que les Bretons, ne pouvant (ou ne voulant) se rendre d'Andouillé à Saint-Aubin du Cormier dans une seule marche et étant exposés à une attaque de l'armée française qui venait de prendre Fougères, durent chercher pour y passer la nuit une position stratégique qui les mît à l'abri de cette agression ; c'est pourquoi ils montèrent jusqu'au Couesnon, qui les protégeait du côté de l'Est et jusqu'à ces positions d'Orange et du Gué-Main, dont la force naturelle les garantissait de tout péril.

*
* *

Enfin, je dois répondre à une dernière observation, relative aux opérations militaires de l'armée française après la bataille de Saint-Aubin et la sommation de Rennes. Si La Trémoille n'assiégea pas cette dernière ville, a-t-on dit, ce n'est pas qu'il la jugeât imprenable ; c'est que, comme Jaligny le dit explicitement (Godefroy, *Hist. de Charles VIII*, p. 54), il jugea plus important, plus avantageux au point de vue stratégique, de s'emparer des places bretonnes du littoral.

Je me permettrai de répondre que cette assertion de Jaligny est, comme quelques autres, une explication trouvée après coup pour pallier l'échec moral des Français devant Rennes. Deux ou trois ports des côtes septentrionales de la Bretagne pris par les Français (c'est tout ce qu'on eût pu faire dans cette campagne) n'entraînaient ni la reddition de Rennes ni la conquête du duché et n'empêchaient nullement les Bretons de communiquer avec leurs alliés du dehors par d'autres points de leur littoral. Au contraire, Rennes pris entraînait la reddition sans coup férir de toutes les places environnantes y compris les ports, la soumission prochaine presque complète du duché, comme cela eut lieu en 1491 après la trahison de d'Albret qui livra Nantes aux Français. La triste capitulation de Saint-Malo amena la paix par le découragement accablant qui en fut la suite ; la prise de Rennes eût amené à bref délai la conquête de la Bretagne. La Trémoille, s'il s'était cru en état de prendre cette place, eût montré en s'abstenant de l'assiéger une impéritie impardonnable. On est d'autant moins fondé à lui prêter une telle faute que, dans toute cette campagne, un des traits de son génie militaire fut une rare habileté à prendre tous ses avantages.

Mais la première habileté pour un conquérant, c'est de ne pas subir d'échec : vrai motif de l'abstention de La Trémoille.

LETTRES INÉDITES DE CHARLES VIII

A LOUIS DE LA TRÉMOILLE

RELATIVES A

LA GUERRE DE BRETAGNE

Au moment où nous venions d'achever notre étude sur La Trémoille et la guerre de Bretagne, notre excellent ami, M. Léopold Delisle, administrateur-général directeur de la Bibliothèque nationale, a bien voulu nous adresser la copie d'onze lettres inédites du roi Charles VIII, dont il vient d'acquérir les originaux pour le grand et admirable dépôt qu'il dirige avec une science et un zèle connus du monde entier.

Ces onze lettres sont toutes écrites au vainqueur de Saint-Aubin du Cormier, sauf la première qui est adressée à sa femme, et la dernière à un officier de finances, « secrétaire de la guerre. »

La première de ces lettres est d'octobre 1487 et a trait aux derniers jours de la première campagne de Bretagne; elle montre combien était difficile, par les mauvais temps et les mauvais chemins d'automne, l'approvisionnement de l'armée royale en Bretagne : difficulté qui obligea de la retirer du duché presque tout entière pour prendre ses quartiers d'hiver en France.

Les dix autres lettres sont datées de juin à septembre 1488.

Celle du 1er juin (no II) est particulièrement intéressante, parce qu'elle donne le chiffre exact des troupes envoyées de France à cette date pour former l'armée de La Trémoille, chiffre qui monte à 16,092 hommes, sans compter les pensionnaires du roi. Il est vrai qu'il y avait des manquants, parce que tous les capitaines n'étaient pas assez soigneux de « faire retirer leurs gens à leur enseigne » ; mais « pour la faute qu'ils en font, dit

16

le roi, nous n'en laissons pas à payer l'argent. » Jaligny dit qu'au siége de Châteaubriant, c'est-à-dire au début de la campagne, en avril 1488, l'armée française était de 12,000 combattants [1]. En observant avec soin tous les renforts mentionnés depuis cette date dans la *Correspondance de Charles VIII*, nous avions été amené à en porter le chiffre à 15,000 hommes au moment de la bataille de Saint-Aubin (ci-dessus, p. 49); la lettre ci-dessous n° II nous donne pleinement raison.

Les n°ˢ III et IV ont trait à la prorogation de la trève qui suspendit pendant le mois de juin, les hostilités entre les deux partis.

Les n°ˢ V, VI, VII, VIII (22 juin à 24 juillet) concernent diverses mesures de détail prescrites par le roi pour augmenter la force de ses troupes et assurer leur bon armement.

Par le n° IX (27 juillet) nous apprenons que, quelques jours avant la bataille de Saint-Aubin, un combat (jusqu'ici ignoré des historiens) avait eu lieu entre les gens d'armes du sire d'Albret et un détachement de l'armée française : apparemment ces deux troupes, battant de part et d'autre la campagne en éclaireurs, se rencontrèrent entre Fougères et Andouillé, où le quartier général breton resta jusqu'au 26. On remarquera que cette lettre de Charles VIII a pour objet un acte de clémence, qui confirme tout ce que nous avons dit des dispositions du roi dans notre *Légende du souper de La Trémoille.*

D'après le n° X, Charles VIII apprit seulement le 2 septembre 1488 la ratification du traité du Verger par le duc de Bretagne : ratification que les ambassadeurs français étaient allés dès le 25 août demander au duc. La longueur de ce délai autorise à croire qu'il y eut, au dernier moment, contre ce traité un peu de cette opposition que prévoyait Charles VIII [2]. Les louanges et les remerciements que le roi prodigue dans cette lettre à ses auxiliaires suisses prouve l'importance capitale de leur rôle dans cette campagne.

Enfin, cette lettre et la dernière (n° XI), montrent que la Bretagne fut évacuée par l'armée du roi au commencement de septembre.

Nous ne saurions trop remercier M. Delisle de cette précieuse communication, qui couronne, en l'éclairant, notre travail et complète la belle publication de M. le duc de La Trémoille.

---

[1] Dans Godefroy, *Hist. de Charles* VIII. p. 48.
[2] Voy. *Corresp. de Charles* VIII. n° 193, p. 214. et ci-dessus, p. 93.

I

(*Laval, 20 octobre 1487.*)

A MA COUSINE MADAME DE LA TRIMOILLE [1].

Ma cousine, j'ay esté adverty presentement que en mon ost y a tres grande necessité de vivres, par ce que les vivres qui sont ès estappes, mesmement à Chasteau Gontier, ne peuvent vuider pour faulte de charroy. Pourquoy je vous prie, sur tout le plaisir que vous me desirez faire, que vous vueillez faire secourir mes commissaires des vivres de Chasteau Gontier dudit charroy, en manière que les vivres qui sont audit lieu en grande quantité puissent estre charriez et menez en l'ost ; car autrement l'avitaillement et fourniture desdiz vivres ne se pourroit continuer, qui me seroit ung dommage irréparable, comme assez le pouez entendre. Et en ce faisant, vous me ferez ung tres singulier plaisir ; car à plus grant affaire ne pourroit venir ladicte ayde. Et adieu, ma cousine.

Escript à Laval, le xxᵉ jour d'octobre [2].

CHARLES.

E. PETIT.

II

(*Angers, 1ᵉʳ juin 1488.*)

A NOSTRE CHER ET FÉAL COUSIN LE SIRE DE LA TRIMOILLE, NOSTRE LIEUTENANT, ET A NOZ AMEZ ET FÉAULX LES CAPPITAINES ESTANS EN SA COMPAIGNIE, ET AUTRES QUE Y ENVOIASMES HIER.

De par le roy.

Cher et féal cousin, et vous noz amez et féaulx, pour ce que les seneschaulx et le sieur de Saint André, eux estans par deça et

---

[1] Gabrielle de Bourbon, femme de Louis II de La Trémoille.

[2] Il est constant que Charles VIII séjourna à Laval pendant la plus grande partie d'octobre 1487 ; le Conseil du roi y tint séance, entre autres, les 4, 6, 8, 11, 12 et 15 de ce mois (Arch. Nat. V⁵ 1040). On ne voit nulle part, au contraire, que le roi ait résidé en cette ville à aucune epoque de l'an 1488.

débatant de noz affaires avec noz gens estans icy, ne peurent pas
bien savoir le nombre des gens de guerre que nous avons là où vous
estes payez à nostre soulde, tant gens de cheval que de pyé, et qu'il
nous a semblé qu'il estoit besoing que le sceussiez au vray pour
vous en ayder et en faire le departement selon l'affaire que vous
adviserez ensemble, nous avons fait chercher les papiers de noz
gens de finances, et les avons trouvez par le menu, lesquelz nous
vous envoyons cy dedans, qui doyvent estre en nombre XVI^x IIII^{xx}
XII hommes, sans noz pencionnaires et autres qui ilz sont allez de
leur voullenté.

Et sy vous dictes que le nombre n'y est pas, nous croyons bien
que non, mais il fault bien que chascun entende qu'il tient à ceulx
quilz ne nous servent pas ainsi qu'ilz doyvent, c'est à assavoir à noz
cappitaines tant des grans ordonnances que des gens de pié, et
aussy à noz commissaires. Car pour la faulte qu'ilz en font, nous n'en
laissons pas à payer l'argent, et par noz clers qui en font les paye-
mens, qui sont là où vous estes, le pourrez savoir : parquoy est
besoing que vous parlez à tous les cappitaines qui sont par dellà,
vous nostre cousin de la Trimoille et noz gens qui sont aujourduy
partiz d'icy, affin que chascun face retirez ses gens à son enseigne :
car il sera besoing de faire une reveue entre cy et peu de temps,
affin que nous congnoissons ceulx par qui la faulte vient.

Et au seurplus faictes nous tousjours savoir de voz nouvelles, et de
ce qui nous seurviendra en serez incontinant advertiz.

Donné à Angiers, le premier jour de juing.

   CHARLES.

       Berziau.

III

(Angers, 15 juin 1488).

A nostre cher et féal cousin le sire de la Trimoille, nostre
lieutenant.

De par le roy.

Cher et féal cousin, nostre frère le duc de Bourbon fait responce
aux lettres que le sieur de Dunoys luy a escriptes. Nous les vous

envoyons en ung pacquet avecques aucunes autres lettres. Faictes
qu'ilz les ayent aujourd'huy avant soleil couché, ou à la plus grant
dilligence qu'il vous sera possible.

Donné à Angiers le XVᵉ jour de juing.

CHARLES.

De Saint-Martin.

(Cédule attachée par une épingle)

En ensuyvant ce que aujourduy nous vous avons escript [1], nous
sommes d'avis que ne devez demain partir. Et gardez bien pour
tout le jour qu'il ne se face aucune course.

IV

(Angers, 16 juin 1488).

A nostre cher et féal cousin le sire de la Trimoille, nostre
lieutenant en nostre ost,

De par le roy.

Cher et féal cousin, nous vous envoyons cy dedans encloz le
double d'unes lettres que le duc de Bretaigne nous a aujourduy
escriptes, ensemble de la responce que luy avons sur ce faicte,
affin que vous voiez sur le tout bien amplement de nostre intencion.
Et pour ce faites selon le contenu de nostredicte responce jusques
à samedi prouchain, combien que par noz autres lettres vous ayons
tousjours mandé jusques à vendredi pour tout le jour seullement [2].

Et au regard des lettres qui vous ont été escriptes de Nantes,

---

[1] C'est-à-dire, la lettre nᵒ 122 (p. 137) de la *Correspondance de Charles VIII*, datée
du 15 juin, où le roi dit à La Trémoille : « Nous avons receu vos lettres, ensemble
celles que le sire de Dunoys escripvoit à nostre frère le duc de Bourbon..... Ne partez
demain pour tout le jour et ne faites course en ce pays qui leur soit dommageable. »
D. Morice a aussi publié cette lettre (*Hist. de Bret.*. t. II, p. ccxlix).

[2] Les lettres du roi à La Trémoille, des 14 et 15 juin, portent en effet textuelle-
ment : « Jusques à vendredi prouchain pour tout le jour, » (*Corresp. de Charles VIII*,
nᵒˢ 117 et 122, p. 134 et 137). Cette lettre-ci est donc nécessairement postérieure
et doit avoir été écrite dès le lendemain, c'est-à-dire le 16 juin, pour faire connaître
au général la prolongation de la trêve jusqu'au samedi.

vous en pourrez faire la responce en ensuivant ce que nous escripvons audit duc.

Nous[1] vous envoyons unes lettres par lesquelles le chancellier, le
grant escuier et le capitaine Raoul de Launoy[2] certiffient ce que
avons escript au duc, et en faisant responce au chancellier de Bretaigne, luy pourrez envoyer lesdictes lettres, affin qu'ilz ne puissent
innorer la déliberacion qui en fut prinse.

CHARLES.

PARENT.

V

(Angers, 22 juin 1488.)

A NOSTRE CHER ET FÉAL LE SIRE DE LA TRIMOILLE, NOSTRE LIEUTENANT
EN NOSTRE ARMÉE ESTANT DE PRESENT EN BRETAIGNE.

De par le roy.

Chier et féal cousin, nous avons sceu que, pour le quartier de
juillet, aoust et septembre prouchainement venant, il y aura ung
homme d'armes et XXIII archiers à pourveoir, du nombre de
ceulx qui sont venuz de Chasteaubriant pour nous servir[3]. Nous
entendons qu'ils soient pourveuz par les compaignies ès places de
ceulx qui ne seront pas venuz ou que trouverez vuides, ainsi que
autreffoiz le vous avons escript. Si le vueillez ainsi faire, et con-
traignez les cappitaines à les prendre, car nous ne voulons point
qu'ilz demeurent à nostre charge pour les faire paier extraordinai-
rement.

---

[1] Paragraphe ajouté après coup.

[2] Raoul de Launoy, s[r] de Morvilliers, l'un des hommes importants de la cour de
France et du conseil militaire de Charles VIII ; envoyé fréquemment par le roi vers
La Trémoille pour régler avec lui les diverses opérations de la campagne ; mentionné
dans plus de trente lettres de la *Correspondance de Charles VIII.*

[3] Le 24 avril 1488, c'est-à-dire le lendemain même de la reddition de Châteaubriant à La Trémoille, le roi écrit à celui-ci : « Au regard des hommes d'armes et
archiers qui estoient dedans ladicte place, lesquelz s'en sont venuz à vous pour nous
servir, logez les par les compaignies où verrez que mieulx sera, et nous les ferons
paier en ensuivant la promesse que leur avez faicte. » *(Corresp. de Charles VIII,*
n° 54, p. 60). Graville nous apprend qu'ils étaient au nombre de vingt-cinq. *(Ibid.*
n° 56, p. 61).

En la compaignie des LX lances, dont Glaude de la Baulme a la
monstre dernierement faicte, pour ce present quartier sont trouvez
six archiers absens que nous avons cassez, desquelz les noms s'en-
suivent, c'est assavoir Lancelot du Lyon, Jehan Gadon, Pierre de
Castre, Guillemin Oger, Jehan Hervieu et Jehan Le Picart, ès places
desquelz voulons que mettez six [autres?] des XXIII qui sont à
pourveoir [1]. Et ordonnez audit Glaude qu'il leur t.............
compaignie et service comme les autres, et qu'il n'y f.......

A Angiers, le XXII jour de juing.

CHARLES.

BERZIAU.

VI

(Angers, 9 juillet 1488).

À NOSTRE CHER ET FÉAL COUSIN LE SIRE DE LA TRIMOILLE, NOSTRE
LIEUTENANT GENERAL EN NOSTRE ARMÉE, ET AUX CAPITAINES ESTANS
AVEC LUY.

De par le roy.

Cher et féal cousin, et vous noz amez et féaulx, nous envoyons
devers vous en nostre armée ce porteur, artillier de nostre bonne
ville de Paris [2], lequel meyne du trait d'arbaleste, du fil à faire
cordes des arcs et trousses, pour vendre et distribuer à ceulx de
noz gens de guerre à qui il en fauldra, comme l'avyons mandé à
ceulx de nostredicte ville. Et pource que aucuns marchans qui par
cy devant ont esté en l'ost s'en sont revenuz sans riens vendre, et les

---

[1] Le roi rappela cet ordre à La Trémoille quelques jours après (le 26 juin) dans
une lettre où il dit: « Puis naguéres vous avons escript que pourvoyez l'omme d'armes et XXIII archiers qui sont de creue pour le quartier prouchain advenir, du nombre de ceux que vous avez recueilliz par la composition de Chasteaubriant, et que
vous en baillez VI archiers à Glaude de la Baulme ou lieu d'autres VI archiers dont
vous avons escript ». (*Corresp. de Charles VIII*, n° 135, p. 152).

[2] Le roi envoyait cet artillier à son armée en prévision du siège de Fougéres qui
allait commencer, car ce jour même 9 juillet, il disait à La Trémoille : « Et au
regard de votre siége, n'y dissimulez plus... Faites en tout la dilligence possible et
vous servez en cest affaire qui est des plus grans que nous puissions avoir ». (*Corr.
de Charles VIII*, n° 155, p. 173).

autres sans estre paiez ne contentez de leursdictes marchandises,
nous vous prions et mandons que cedit porteur vous faictes traicter
en vendant sadicte marchandise le mieulx que vous pourrez, et de ce
que nosdictes gens de guerre prendront le faictes paier et contenter,
affin que l'on vous en porte plus voulentiers.

Donné à Angiers, le IXe jour de juillet.

    CHARLES.

                       Parent.

VII

(Angers, 17 juillet 1488).

A NOSTRE CHER ET FÉAL COUSIN LE SIRE DE LA TRIMOLLE, NOSTRE
LIEUTENANT GÉNÉRAL EN NOSTRE ARMÉE DE BRETAIGNE.

De par le roy.

Cher et féal cousin, pour ce que avons esté avertiz que An-
thoine Guerault est ung gentil gendarme et pour bien servir en la
guerre, et que desirons, pour le bon rapport qui nous a esté fait de
luy, qu'il soit pourveu en noz ordonnances, à ceste cause le vous envoyons. Si vous prions et neantmoins mandons que vous le recueil-
lez et le plus tost que possible vous sera le logez et faictes bailler
une place de homme d'armes en telle des compaignies de nosdictes
ordonnances estans par delà que vous aviserez. Et qu'il n'y ait
point de faulte.

Donné à Angers le XVIIe jour de juillet.

    CHARLES.

                    J. Gesme.

VIII

(Angers, 24 juillet 1488).

A MON COUSIN LE SIRE DE LA TREMOILLE

Mon cousin, Françoys de la Ferrière est venu devers moy et m'a
dit que le mareschal de Gyé l'a mis à la garde de la place de Mor-
taing, et m'a supplié et requis que je le voulsisse descharger des

pyonniers dont il a la charge, en laquelle il m'a bien servy, comme j'ay esté adverty. Et pour ce deschargez l'en, et le faictes payer du temps qu'il aura esté en ladicte charge, ainsi que verrez estre affaire. Et adieu, mon cousin.

Escript à Angiers le XXIIIIme jour de juillet.

CHARLES.

DAMONT.

IX

(*Angers, 27 juillet 1488*).

A NOSTRE CHER ET FÉAL COUSIN LE SIRE DE LA TRIMOILLE, NOSTRE LIEUTENANT EN L'ARMÉE DE BRETAIGNE.

De par le roy.

Cher et féal cousin, nous avons sceu, par lettres que a escriptes le viconte d'Aunoy [1], comme il a esté prins aucuns hommes d'armes de ceulx du sieur d'Albret, entre lesquelz est nommé Pierre Buffiére [2]. Et pour ce que nostre tres chère et tres amée seur la du chesse de Bourbon nous a supplié et requis que nostre plaisir soit lui sauver la vie, ce que lui avons accordé, nous voulons et vous mandons que on ne fasse aucune exsecusion de sa personne. Toutteffois, nous n'entendons pas qu'on le mette à aucune raençon ne qu'il soit delivré, mais escripvons audit viconte qu'il soit bien gardé jusques à ce que par nous autrement en soit ordonné.

Donné à Angiers, le XXVIIe jour de juillet.

CHARLES.

PARENT.

[1] Eustache de Montheron, vicomte d'Aunay ou d'Aunoy, l'un des principaux capitaines de l'armée du roi. La *Correspondance de Charles VIII*, publiée par M. le duc de la Trémoille, parle souvent de ce personnage, voir entre autres les n°s 1, 22, 71, 79, 106, 155 (p. 1, 24, 83, 94, 122, 167), où il en est question sous les dates des 13 et 25 mars, 6, 13, 31 mai, et 5 juillet 1488.

[2] La compagnie de cent lances du sire d'Albret avait, nous l'avons vu (ci-dessus, p. 46), quitté l'armée du roi pour celle du duc de Bretagne : les prisonniers de cette compagnie, livrés au prévôt des maréchaux, devaient necessairement être condamnés comme traitres. De là le péril de Pierre Buffiére.

X

(La Roche-Talbot, 14 septembre 1488.)

A NOSTRE CHER ET FÉAL COUSIN LE SIRE DE LA TRIMOILLE, NOSTRE LIEUTENANT EN L'ARMÉE DE BRETAIGNE, ET AUX CAPPITAINES ESTANS AVECQUES LUY.

De par le roy.

Cher et féal cousin, et vous noz amez et féaulx, pour ce que nous avons eu nouvelles, de noz ambaxadeurs qui sont alez devers nostre cousin le duc de Bretaigne, que la paix a esté jurée par ledit duc [1], et aussi que ceulx des Ligues [2] ont escript que noz Suysses s'en retournassent devers eulx, ausquelz nous voulons bien complaire, nous avons advisé qu'ilz s'en tireront droit à Saumur, et là ilz seront paiez. Et pour ce, dites à Pierre Loys [3] qui les mène et conduise jusques là. Et quant ilz partiront de vous, merciez les bien des bons services qu'ilz nous ont faiz et leur dites bien que tousjours les aurons en bonne souvenance et recommandacion.

Au seurplus, nous besongnons à la despesche du gouverneur de Limosin [4] et du sieur de Morvillier [5], que nous envoyons devers vous afin de vous mander ce que vous ferez, aussi le demourant de noz gens d'armes estans avecques vous, et de tout ilz vous advertiront bien au long.

Donné à la Roche-Tallebot [6], le IIe jour de septembre.

CHARLES.

PARENT.

---

[1] Le 24 août 1488, le roi Charles VIII avait écrit à La Trémoille que ses ambassadeurs iraient le lendemain à Nantes pour trouver le duc de Bretagne et lui faire ratifier le traité du Verger, et que dès qu'il aurait nouvelle de cette ratification, le roi en ferait part à La Trémoille, qui ferait alors sortir son armée de Bretagne. Voir *Corr. de Charles* VIII, n° 193, p. 213-214, et ci-dessus, p. 93.

[2] Les Cantons suisses.

[3] Sieur de Valten, maître d'hôtel du roi, mentionné dans la *Corr. de Ch.* VIII, n°° 27, 29, 30, 31, 63; voir ci-dessus, p. 24, note 2.

[4] Mentionné dans la *Corr. de Ch.* VIII, n°° 8, 48, 49, 67, 93, 106.

[5] Voir ci dessus, à la lettre n° IV, la note sur Raoul de Launoy.

[6] La Roche-Talbot, près Sablé, Sarthe.

XI

(La Roche-Talbot, le 2 septembre 1488.)

A nostre amé et féal Jacques Berziau [1], contreroleur general de noz finances et secretaire de nostre guerre,

De par le roy.

Nostre amé et féal, pour aucunes causes qui nous meuvent, ne partez point d'avecques nostre armée jusques à ce que vous escripvions ce que devrez faire et que aiez aultres nouvelles de nous. Et gardez qu'il n'y ait faulte.

Donné à la Roche-Talbot, le IIᵉ jour de septembre.

CHARLES.

PARENT.

---

[1] Sur ce personnage et ses fonctions administratives près l'armée du roi, voir dans la *Correspondance de Charles VIII*, sous la date des 20 mars, 4 et 14 juin 1488, les nᵒˢ 9, 10, 108, 117, p. 9, 124 et 132.

Page 22, ligne 11. — *Au lieu de :* « Monsr (le prince d'Orange) », *lisez :* « Monsr (le duc d'Orléans) ».

Page 28, l. 14. — *Au lieu de :* « (21 août) », *lisez :* « (19 août). »

Page 47, l. 21-22. — *Au lieu de :* « et coulé plus de 240 pour morts sur la place », *lisez :* « et couché plus de 240 morts sur la place. »

Page 97, note 3. — M. Marchegay nous informe que l'original porte bien « quant y eulx »; nous n'avions pas entendu le contester, mais dire seulement qu'à notre sens la correction « quant *et* culx » est nécessaire pour donner un sens à ce texte.

Page 102, l. 3. — La famille de La Trémoille s'était alliée dès le XVIe siècle (en 1521), à la maison de Laval qui possédait la baronnie de Vitré; mais les La Trémoille n'héritèrent de la baronnie de Vitré qu'en 1605, après la mort de Gui XX, dernier rejeton de la branche aînée des Laval.

TABLE

APPENDICE

DIEV LA CONDVSE
VINCENT FOREST
EMILE GRIMAUD